おすし

松田美智子

JN093180

はじめに

「今晩はちらしずしにしましょう」の母の声がうれしかったのを思い出します。私はすし飯をあおぐ担当でした。母はちらしずし派でしたが、父は鉄火丼やあじずしを好んでいました。ちらしの具材は家族のときは台所にあるもので、お客さま用のときには祭りずしのように具材も豪華で色とりどりで、えびや鯛のおさしみも入りました。錦糸卵がたくさんのったおすしは早く味が知りたくて、母にねだると「おすしはね、なれてからがおいしいから待ちなさい」とよく言われました。

　私ぐらいの年ですと誰もが、おすしのあおぎ係や、おいなりさんにすし飯を詰める係の経験がおありでは？このお手伝いからいろいろと学んだことが今でも役に立っています。この本では、旅先で経験した地方の印象的なおすしと、小さい頃から食べていた母の味のおすしなどをもとに私風のアレンジをしてご紹介しています。

　昔の人は調理道具もシンプルでした。先人の知恵＋便利な道具を上手に使うとそれが賢い手抜きです。私も仕事と家庭で日々、追われて過ごしています。ですが、若い頃に比べると、日々の料理を丁寧に作っている気がします。「料理は科学」「理《ことわり》を料《はか》る」といいます。簡単な方程式を理解して、手を抜くのではなく、無駄な手を省きます。一度きちんと作るとおすしの具材も冷凍の保存法や真空パックの利用などで使い回しがききます。そこも参考にしていただけると手作りおすしがもっと身近になります。

松田美智子

おすしをよりおいしくするこつ

1. 味、色、食感、3つのバランスが大切です
2. 旬の食材を積極的に取り入れましょう
3. おすしの華、魚介は新鮮でいいものを
4. 味を〝ならす〟ことでうまみが増します
5. おすしのもと（具）は作りおきを活用して
6. きゅうりは地味に光る名脇役です！
7. なくてはならないガリは自家製で

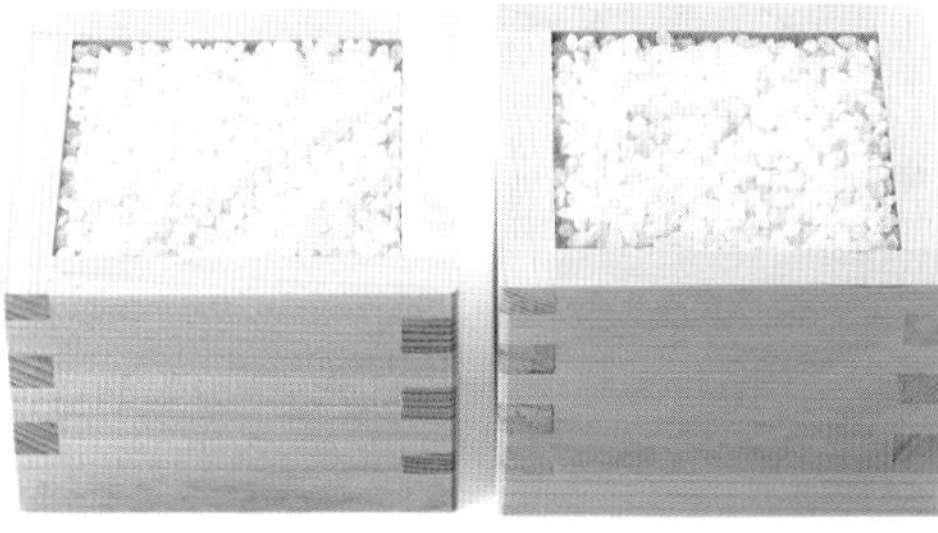

目次

はじめに　2
おすしをよりおいしくするこつ　3
歳時記と、旬の食材と、おすし　6

すし飯の作り方　10

すし酢3種
基本のすし酢、しょうが酢、柑橘酢　11

しょうがの酢漬け（ガリ）3種
薄切り、乱切り、梅酢漬け　12

郷土のおすし
＊ページ数は写真・作り方
ばらちらし　8・14
蒸しずし　16・18
恵方巻き　17・19
大村ずし風ちらし　20・21
祭りずし　22・24
桜ずし　26・27
はまぐりずし　28・29
鯛ちらし　30・32
手まりずし　31・33
めはりずし　34・35
手こねずし　36・38
笹ずし　40・41
あなごずし　42・43
いなりずし（東日本、西日本）　44・46
柿の葉ずし　50・52
さばずし　54・56
お台所ずし　55・57

季節のおすし
冬
手巻きずし　58・60
かにずし　62・63
焼き野菜ずし　64・65
春
花見ずし　66・68
かりかりじゃこのおすし　70・71
夏
あじの丼ずし　72・73
梅干しずし　74・75
秋
鮭の親子ずし　76・77
煮物ずし　78・79

本書の読み方
●1カップ＝200mℓ　大さじ1＝15mℓ　小さじ1＝5mℓ
ただし本書に記載の分量はあくまでも目安です。
●しょうゆと表記しているのは濃口しょうゆのことです。

覚えておきたい
定番のおすしの具

卵編

薄焼き卵 80
錦糸卵 80
色紙卵 80
黄身酢 81
卵焼き 81

野菜・乾物編

干ししいたけの含め煮 83
かんぴょう煮 83
酒煎りにんじん 84
煎りごぼう 84
高野豆腐のうま煮 84
きゅうり（薄切り） 85
きゅうり（笹打ち） 85
きゅうり（せん切り） 86
ゆで絹さや 86
ふわふわ大葉 86
酢ばす 87

魚介編

煮あなご 87
ゆでさいまきえび 87
鯛のでんぶ風 89

おすすめの
基本の道具と調味料 90

余ったおすしのお楽しみ！ 92

すし飯 → 焼きおむすび
ばらちらし → お茶漬け
煮物ずし → いためご飯
花見ずし → ちらし弁当
さばずし → 焼きさばずし
いなりずしの油揚げが破れたら → 一口いなり

あとがき 93
おすし素材別索引 94

●材料の見方
各おすしの材料表に、すし飯に使うすし酢の種類が表記されています。
（　）の中に（基本）とあるのは、基本のすし酢、
（しょうが）はしょうが酢、（柑橘）は柑橘酢の略です。

歳時記と、旬の食材と、おすし

お祭り、お祝い、記念日、別れ…昔から暮しの歳時記におすしは欠かせないものでした。歳時記と旬の食材、その時期におすすめのおすしを表にまとめてみました。
あくまでも参考ですが、四季折々に思い出して作っていただけたらうれしいです。

手まりずし（31ページ）

<table>
<tr><th colspan="4">冬</th></tr>
<tr><th></th><th>十二月</th><th>一月</th><th>二月</th></tr>
<tr><th>歳時記</th><td>師走
冬至</td><td>お正月
七草がゆ
成人式</td><td>節分
バレンタインデー</td></tr>
<tr><th>魚介</th><td colspan="3">まぐろ
塩鮭
たらこ
ぶり
えび
帆立貝
かに
ひらめ</td></tr>
<tr><th>野菜</th><td colspan="3">小松菜
蓮根
ほうれん草
大根
白菜
長ねぎ
ごぼう</td></tr>
<tr><th>おすし</th><td colspan="3">ばらちらし　8
蒸しずし　16
恵方巻き　17
大村ずし風ちらし　20
手巻きずし　58
かにずし　62
焼き野菜ずし　64</td></tr>
</table>

春	夏	秋
三月 桃の節句 お彼岸 四月 お花見 入園入学 新学期 五月 ゴールデンウィーク 端午の節句 母の日	六月 梅雨 父の日 七月 七夕 土用の丑の日 八月 夏休み 夏祭り お盆	九月 重陽の節句・敬老の日 十五夜 秋祭り 十月 運動会 紅葉狩り ハロウィーン 十一月 七五三 勤労感謝の日
ひらめ さわら しらす さより 白魚 貝類 鯛 初がつお たこ	あじ あなご 鮎 すずき まぐろ うなぎ いわし	戻りがつお 鮭 するめいか イクラ まぐろ さば
山菜 葉物野菜 にんじん たけのこ 三つ葉 木の芽 絹さや	万願寺とうがらし きゅうり オクラ ししとう 大葉 みょうが さやいんげん	かぼす すだち きのこ類 かぶ いも類 蓮根 ごぼう
祭りずし 22 桜ずし 26 はまぐりずし 28 鯛ちらし 30 手まりずし 31 めはりずし 34 花見ずし 66 かりかりじゃこのおすし 70	手こねずし 36 笹ずし 40 あなごずし 42 あじの丼ずし 72 梅干しずし 74	いなりずし 44 柿の葉ずし 50 さばずし 54 お台所ずし 55 鮭の親子ずし 76 煮物ずし 78

魚介たっぷり！

ばらちらし

すし飯に細かく切りそろえた魚介類、卵焼き、かんぴょうとともに、でんぶ、きゅうりなどを彩りよく散らしたおすしは、江戸前の握りずしから派生したといわれます。甘み、酸味、塩味など様々な種類の具の味がバランスよく組み合わされ、見た目も華やか。子どもから大人まで幅広く親しまれる味です。すりおろしたわさびが欠かせません。

作り方は14ページ

身近にある材料を使って家庭で作る

郷土のおすし

日本各地の産物を生かし、作り続けられてきた伝統の郷土のおすしには覚えておきたい、伝えていきたい料理の知恵と工夫がたくさん詰まっています。

手に入りやすい材料で、家庭でも作りやすく、食べやすいよう工夫した松田美智子流レシピ。

作って学んで、わが家の味に育ててください。

すし飯の作り方

この本のすし飯は、作りやすく、食べ切りやすい米2カップが基本です。いつものご飯より、かために炊きます。

材料
米　2カップ
酒　大さじ2
昆布　3×5㎝
すし酢　左ページ参照

1

米をとぎ、10分浸水させ、ざるに上げて15分水をきり、水350㎖、酒、昆布とともに鍋に入れ、ふたをして強火にかける。ふいてきたら、ごく弱火にしてご飯の上下を入れ替え、再度ふたをして約10分炊く。火を止めて5〜10分蒸らす。

2

盤台に炊きたてのご飯を小山にし、混ぜ合わせたすし酢をゆっくり回しかける。

3

一気にうちわであおぎ温度を下げ、ご飯をしゃもじで切るように混ぜ合わせ、すし酢をなじませる。

4

すし飯が乾燥しないように、ぬれ布巾をかけておく。

土鍋での炊き方をご紹介していますが、炊飯器の場合はそれぞれの炊き方に準じてください。炊き上がった後はおすしに合ったすし酢と合わせます。どのすし酢の場合も、混ぜ方は同じ。うちわであおぎながら手早く切るように混ぜ、べたつかず、つやつやとしたすし飯にしましょう。

余ったときの始末料理→92ページ

すし酢3種

すし酢のベースは、米酢、三温糖、塩です。幅広く使える基本のすし酢、風味が加わるしょうが酢と柑橘酢もおすすめです。

おすしによって相性のいいすし酢があります。関西方面など西日本のおすしは甘めのすし飯が多いので、三温糖を追加するものもあります。基本の分量は右ページでご紹介のすし飯、米2カップ分に合わせています。

●基本のすし酢（米2カップ分）

どんなおすしにも合わせやすい基本の味です。

米酢　1/3カップ（65㎖）
三温糖　大さじ1 1/2
塩　小さじ2

●しょうが酢（米2カップ分）

しょうがの食感、香りがアクセントに。

しょうがのみじん切り　大さじ2
米酢　1/3カップ（65㎖）
三温糖　大さじ1
塩　小さじ2

●柑橘酢（米2カップ分）

さわやかで、やさしい酸味。マイルドな仕上り。

柑橘のしぼり汁　1/4カップ
米酢　大さじ2
三温糖　大さじ1
塩　小さじ1 1/2

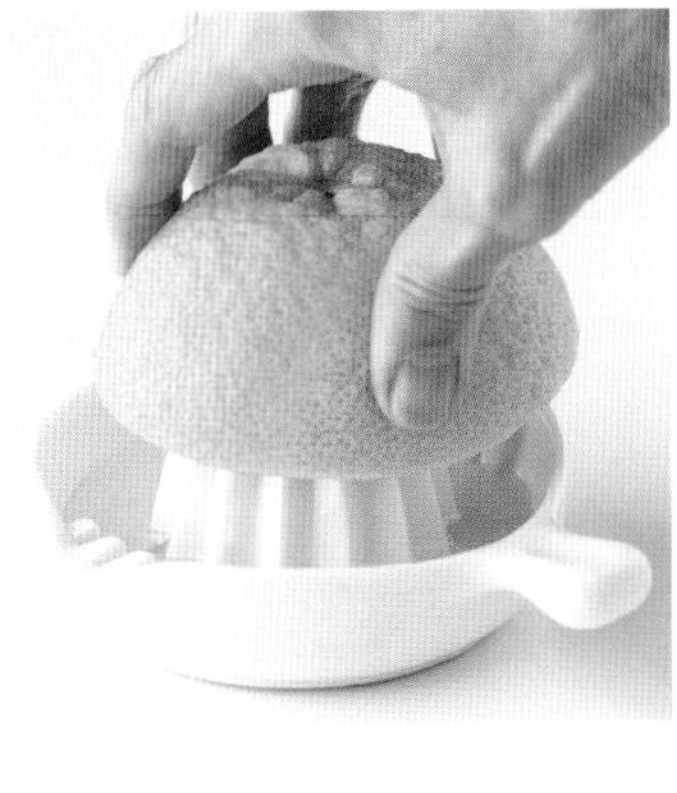

●材料の見方
各おすしの材料表に、すし飯に使うすし酢の種類が表記されています。

（ ）の中に（基本）とあるのは基本のすし酢、（しょうが）はしょうが酢、（柑橘）は柑橘酢の略です。

すし飯は米2カップ分のレシピが基本です。

〈例〉

すし飯（基本＋三温糖　小さじ2）

　米2カップ分
※ただし、米1カップ分の場合は（ ）内の分量をすべて半量にしてください。

しょうがの酢漬け（ガリ）3種

自家製ガリの味は格別。
通年手に入るひねしょうがで作るレシピです。

ここでは通年手に入るひねしょうがを使った作り方をご紹介します。基本となるのは薄切りのもの、乱切り、梅干しをこした汁で漬ける梅酢漬けの3種類です。おすしに欠かせないガリ。ぜひ自家製でお楽しみください。

●薄切り、乱切り

材料（作りやすい分量）
ひねしょうが　400g
粗塩　35g
A
米酢　1½カップ
三温糖　100g

作り方
1　しょうがは皮を包丁でこそぎ、繊維にそって薄切りにする。乱切りの場合は、7～8㎜幅に切ってから棒状に切り、乱切りにする。
2　水でさっと2～3回洗う。
3　沸騰した湯で、薄切りは5分

薄切り　乱切り　梅酢漬け

●梅酢漬け

材料（作りやすい分量）
ひねしょうが　400g
粗塩　35g
A
米酢　1½カップ
梅干し（甘くないものをくずす）大さじ3
煮きり酒　1/2カップ
三温糖　100g

作り方
1～4は乱切りと同じ。ただし、3ではゆでずに、熱湯を回しかけて塩と合わせる。
5　Aを合わせて茶こしでこす。瓶に入れたしょうがにかけて1日おく。

1
梅干しははちみつなどで味つけしていないものを使う。

2
乱切りしたしょうがに梅酢をかけて漬ける。

ゆで、ざるに上げ水気をきって、塩と合わせて2時間おく。乱切りは10分ゆで、塩と合わせて密閉容器で3～4日漬ける。
4　薄切りは洗って塩を抜き、ぎゅっと絞る。乱切りは途中水を替えて2～3時間水につけ、ぎゅっと絞る。
5　合わせたAを入れた瓶に4を加え、重しのビー玉をのせて1日おく。

重しにビー玉を使うアイディア。
衛生的で経済的。

1

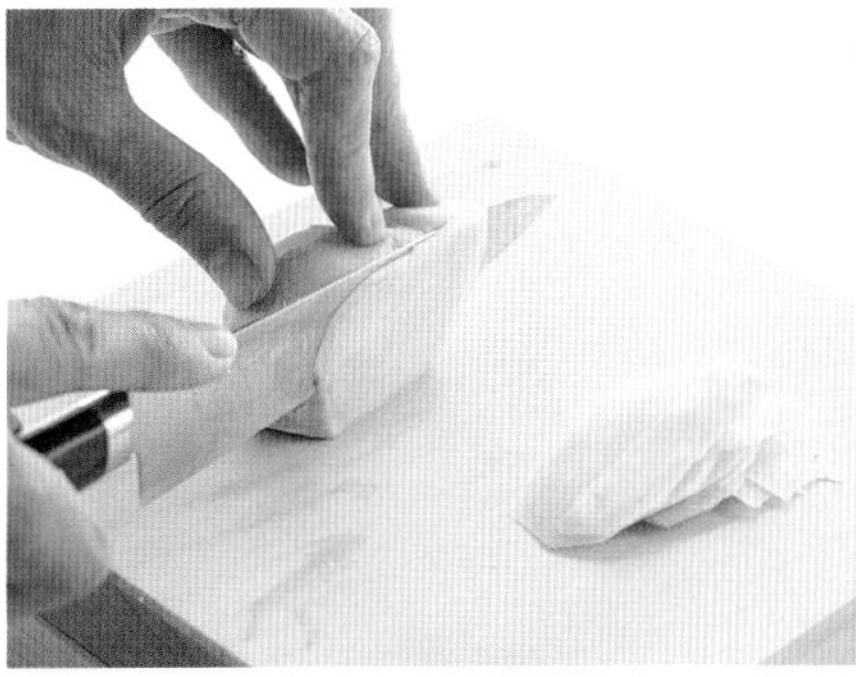

しょうがの薄切り。繊維にそって切ると切りやすい。

2

沸騰したままの湯でゆでること。

3

塩と合わせて余分な水分を抜く。

4

塩で漬けた後は、水洗いして塩を抜くことが大切。

5

両手で水気をよく絞る。

乱切りは厚めに切って食感を楽しむ。

具をほぼ同じ大きさに切りそろえることで食べやすく、すし飯ともなじみよく、見た目も華やかになります

やわらかいもの、歯ごたえのあるものなど食感の違う具を組み合わせるのも、おいしいおすし作りの秘訣。このばらちらしでは魚介とかんぴょうの煮物、卵焼きなどの中で、1cm幅に切ったもろきゅう（ミニきゅうり）の食感がきいています。

材料（4人前）

すし飯（基本）米2カップ分 （10〜11ページ）

A
- かんぴょう煮 1/2カップ（83ページ）
- 焼きのり 2枚

B
- たこ（足） 1本
- 帆立貝 3〜4個
- 中トロ 100g

C
- 卵焼き 1本（81ページ）
- もろきゅう 5本

D
- 鯛のでんぶ風 1/2カップ（89ページ）
- イクラ（塩漬け） 1/3カップ（61ページ）

生わさび 適量

塩 適量

作り方

1 もろきゅうは塩で板ずりして、天地を切り、1cm幅に切る。Aのかんぴょうは粗みじん切りにする。

2 帆立貝は1cm角に切り、塩少々をふる。たこ、中トロ、卵焼きは1cm角より気持ち小さめに切るとバランスがよい。のりは2cm角にちぎる。

3 すし飯にAを切るようにして合わせる。

4 器に3のすし飯1/3量を広げ、BとC、鯛のでんぶ風の各1/4量を散らし、残りのすし飯の半量を小山に盛り、さらにBとC、鯛のでんぶ風の各1/4量を散らす。

5 残りのすし飯を形よく盛り、残りのBとCを散らし、間を埋めるようにDをあしらう。わさびをすりおろして添える。

1

色も食感も様々な具をそろえて。

ポイント

2

もろきゅうに塩をふり、まな板の上でてのひらを使って数回転がす。表面がなめらかに、色鮮やかになる。

3

約1cm角の同じ大きさに切りそろえた具。

4

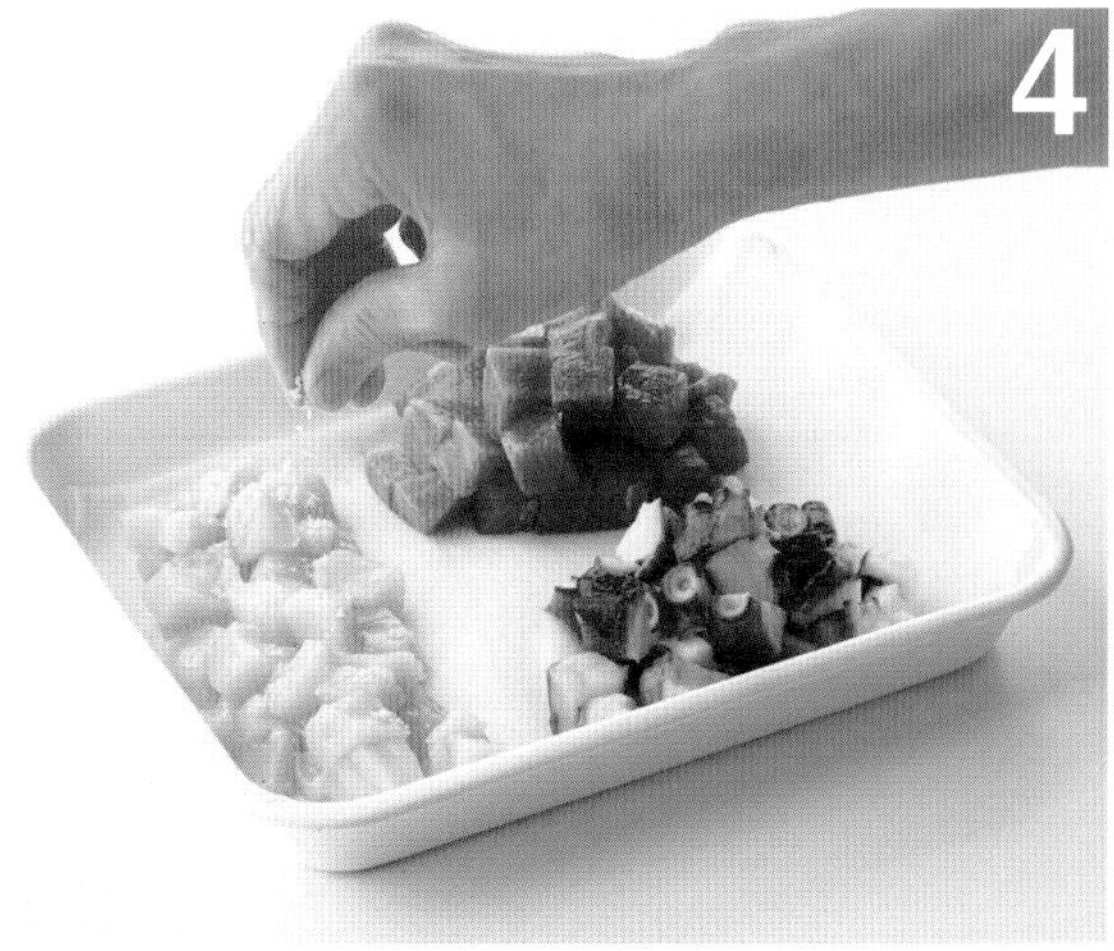

帆立に塩をふることで味も身もしまる。

5

かんぴょう煮とちぎったのりはあらかじめすし飯に混ぜる。

6

すし飯にたこ、帆立、中トロ、卵焼き、もろきゅう、鯛のでんぶ風を散らしたところ。

7

すし飯をすべて盛った状態。

余ったときの始末料理→92ページ

寒い日にほっとする
蒸しずし

大阪、京都など関西を中心に、12月から2月の終り頃まで食べられます。ちらしずしを器ごと蒸してあつあつをいただくので、寒い日には体の芯から温まります。別名「温《ぬく》ずし」とも呼ばれ、まさに冬の風物詩。具に決りはありませんが、このレシピではさいまきえびや小鯛の笹漬け、卵焼き、酢ばすなどで華やかに。

今や節分の風物詩
恵方巻き

関西を中心に江戸時代から明治時代にかけて節分を祝ったり、商売繁盛の祈りを込めて食べたことが始まりといわれる太巻きずし。節分にその年の吉の方向を向いて丸かじりすると願いがかなうということから、今や全国的な人気に。本来は7種の具を入れるようですが、巻きやすさ、食べやすさを考えて今回はご飯の量と具の数を調整しました。

すし飯も具も蒸すことで、酸味が程よく抜けてまろやかな味になります

今回は福井・小浜の特産品、小鯛の笹漬けを具に使っています。小鯛は蒸すと味が薄くなるので、あらかじめ濃めに下味をつけておくのがポイントです。盛りつけは目立たせるものから配置して、隙間を埋めるようにでんぶを。

材料（2人前）
すし飯（基本＋三温糖　小さじ2）
　米1カップ分（10～11ページ）
ゆでさいまきえび　4尾（87ページ）
小鯛の笹漬け　4枚
干ししいたけの含め煮　1/3カップ（83ページ）
鯛のでんぶ風　1/3カップ（89ページ）
卵焼き（1.5cm幅）　4枚（81ページ）
酢ばす（半月切り）　6枚（87ページ）
ゆで絹さや（斜め半分に切る）
　適量（86ページ）
A［米酢　大さじ2
　しょうが汁　大さじ1

作り方
1　小鯛にAをふりかけておく。さいまきえびは串を打たずにゆで、頭と尾を残して殻をむく。
2　蒸し器に入る器にすし飯を盛り、絹さや以外の具材を見た目よく、大きなものから立体的に盛りつける。でんぶは最後に盛る。
3　湯気の上がった蒸し器に2の器のふたをせずに入れ、中火で10分蒸す。取り出して、蒸上りにすぐふたをして2～3分おく。絹さやを添える。

1

材料。絹さやは蒸し上がってから最後にあしらう。

2

手まりずし（31ページ）やお茶漬けにしてもおいしい小鯛の笹漬け。

3

小鯛の笹漬けは酢としょうが汁につけ下味をつける。

4
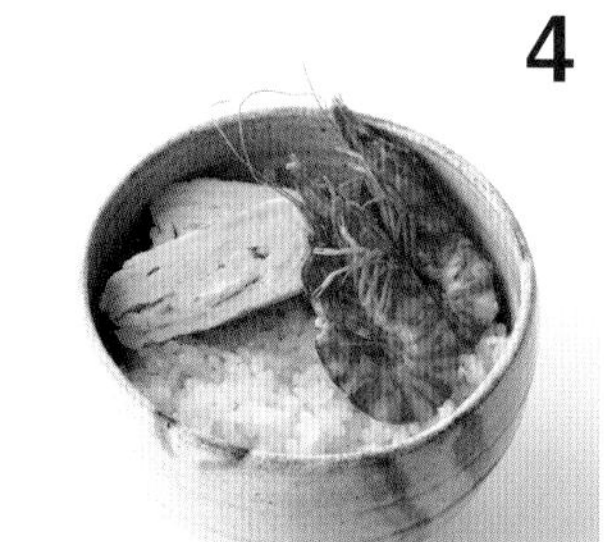
目立つさいまきえびと卵焼きを最初に盛る。

5

でんぶは隙間を埋めるように。

ポイント
6

蒸気の上がった蒸し器に入れて蒸す。やさしい味に。

何と言っても巻き方が大事。ご飯を薄くのばし具を収まりやすくして、きっちり巻きます

のりにのせるご飯の位置、量、具を置くスペース、巻きすの扱い方など、プロセス写真を参考にしてください。切り方も重要です。切りやすく、きれいな切り口のためには、包丁をぬれたペーパータオルで拭いてから切るのがこつです。

材料（2本分）
すし飯（基本のすし酢の分量を半量にして、さらに三温糖小さじ1を加える）　米1カップ分（10〜11ページ）
ゆでさいまきえび　4尾（87ページ）
卵焼き（7㎜厚さ）　2本（3等分に切る）（81ページ）
干ししいたけの含め煮　大さじ2（83ページ）
ほうれん草　8本（塩　少々）
焼きのり　2枚

作り方
1　さいまきえびは串を打ってゆで、頭を落として縦半分に切る。ほうれん草はかために塩ゆでし、水気をきり、ペーパータオルで水気を押さえる。
2　巻きすを水にくぐらせ、布巾などで水気を押さえてから、表を下にしてまな板に広げる。
3　巻きすの上にのりを横に置いて、中心に細長くまとめたすし飯をのりの幅に置く。手水をつけ、すし飯をのりの手前に広げる。すし飯の真ん中を少し薄くして具材をのせる部分を作る。
4　ほうれん草はのりの幅に合わせて葉先を折る。しいたけは均等に広げる。えびは細ければ2枚を重ねて置く。卵焼きも並べて置く。
5　手前の巻きすとのりを向う側のすし飯にかぶせ、巻きすの上から手で押さえる。残りののりを巻き込み、さらに押さえて整える。
6　お湯でぬらしたペーパータオルで包丁の刃を拭きながら、のり巻きを半分に引切りにする。端は好みで切り落とす。

1

広げたすし飯の中心に具を置くためのくぼみを作る。

2

すし飯のくぼみに具の厚さが均等になるように置く。

ポイント
3

具がずれないよう指で押さえながら巻く。

4

指でしっかりと巻きすを押さえる。

5

残りののりを巻き込み、さらにしっかり押さえる。

6
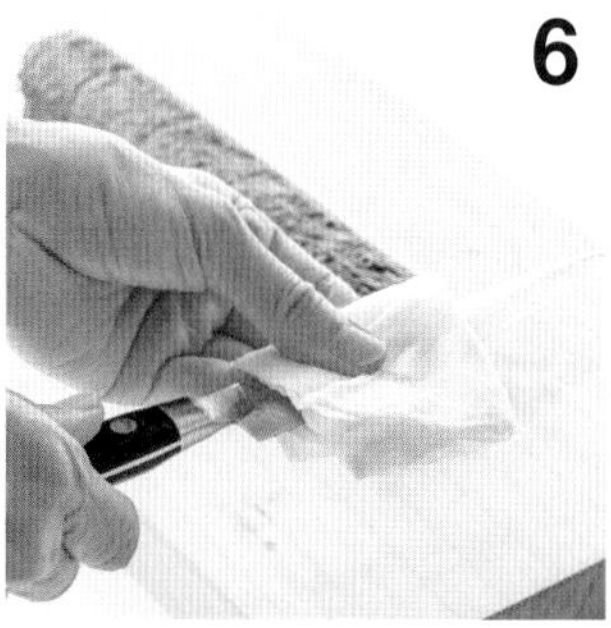
包丁をぬらすことでご飯がくっつかず切りやすくなる。

ぎゅっと詰まったおいしさ

大村ずし風ちらし

長崎・大村に約500年前から伝わるという歴史を持つおすしは、勝ち戦の祝いに領民が作ったとされ、現在でも祝い事に欠かせないものです。海の幸、山の幸に恵まれた土地ならではの魚や野菜の煮物類などの具と、たっぷりの錦糸卵、そして全体的に甘めの味つけが特徴です。今回は日もちを考えて、魚の代りにかまぼこの酒煎りを入れています。

本来は押しずしですが、これは2層の重ね盛りにしたので具だくさんの味を楽しめます

かまぼこは煎ることで臭みが消え、食感がよくなります。錦糸卵は様々な具材の味をつないでまとめる大切な役割。時間があるときに薄焼き卵を作って冷凍保存しておけば、自然解凍したものを切るだけでいいので便利です。

材料（4人前）

すし飯（基本＋三温糖　大さじ1 1/2）米2カップ分（10～11ページ）

錦糸卵　2カップ（80～81ページ）

かまぼこ　1/2本（細切り）

A
- 酒　大さじ3
- しょうが汁　大さじ1
- 塩　少々

B
- 煎りごぼう　1/2カップ（84ページ）
- 高野豆腐のうま煮　1/2カップ（84ページ）

酒煎りにんじん　1/3カップ（84ページ）

作り方

1　小鍋にかまぼことAを入れ、弱火で汁気が飛ぶまで煎り煮する。平ざるに広げ、粗熱を取る。

2　すし飯にBを切るように混ぜ合わせ、器に半量を盛り、上にかまぼこと酒煎りにんじん各半量を散らす。錦糸卵の半量を均一になるように散らす。

3　残りのすし飯をのせてしゃもじで押さえ、残りのかまぼこと酒煎りにんじんを散らし、さらに残りの錦糸卵を散らす。2～3時間おくと味がなじむ。

かまぼこの酒煎り以外の具は、作りおきができるので冷凍しておくと便利。

かまぼこは酒としょうが汁で煎ることで香りもよくなる。

煎りごぼうと高野豆腐のうま煮を混ぜたすし飯を半量入れる。

煎ったかまぼこと酒煎りにんじんを半量のせる。

錦糸卵の半量を散らす。

残りのすし飯をしゃもじで押さえるように入れる。

ポイント

残りのかまぼことにんじんをのせ、最後に残りの錦糸卵ものせる。

ハレの日にぴったり

祭りずし

瀬戸内海に面した岡山は、豊富な海の幸、山の幸に恵まれた土地。これらの食材を惜しみなく使ったのが祭りずしです。その起源は江戸時代といわれ、藩主の倹約政策「一汁一菜」にあきたらなくなった人々が、おすしならいいのではないか、と考えてこの具だくさんのおすしが作られるようになったのだとか。色とりどりの具材が見た目にも豪華です。

【祭りずし P.22】

あると便利なおすしの具の一つが、小鯛の笹漬け。
酢としょうが汁で下味をつけます

具材に合った切り方をすることで、食感がよく見栄えもよくなるので、丁寧に切りそろえてください。小鯛の笹漬け、ゆでさいまきえび、錦糸卵など、前日用意できるものは準備しておくと段取りよくいきます。

材料（4人前）
すし飯（基本）米2カップ分 （10～11ページ）
小鯛の笹漬け　10枚
A［米酢　大さじ2
　 しょうが汁　小さじ1
ゆでさいまきえび　10尾 （87ページ）
やりいか　3～4はい
B［酒　大さじ3
　 塩　小さじ1|3
生きくらげ　3～4枚
錦糸卵　1カップ （80～81ページ）
ゆで絹さや　20枚 （86ページ）

福井・小浜の「小鯛の笹漬け」は、三枚におろしたれんこ鯛に薄塩をして、酢や昆布で漬け樽詰めにしたもの。

作り方

1　Aを混ぜ合わせ、小鯛の笹漬けを10分つけ、水気をきり、5㎜幅に切る。串を打ってゆでたさいまきえびの頭を落とし、殻を尾までむいて1㎝幅に切る。やりいかは皮をむき胴の部分を開き、5㎜幅×3㎝長さに切る。小鍋にB、やりいかを合わせて弱火でさっと煎り、平皿に広げ、冷ます。

2　生きくらげはできるだけ細いせん切りにしてさっとゆでこぼす。ゆで絹さやはせん切りにする。

3　小鯛、やりいか、えびの一部は飾り用にとりおく。すし飯にきくらげ、小鯛、やりいか、えびを合わせる。器に盛り、錦糸卵、小鯛、やりいか、えび、絹さやをあしらう。

ポイント

小鯛は酢としょうがのしぼり汁で下味をしっかりとつける。

さいまきえびは串を打ってゆでることで、身がまっすぐになる。

いかの酒煎り。菜箸4本を持ち、全体に火が通って白っぽくなるまでかき混ぜ続ける。かたくならないように。

錦糸卵は薄焼き卵の状態で重ねてラップフィルムに包み、密閉袋に入れて冷凍しておくと、自然解凍後、切るだけでOK。

食卓にも春を呼ぶ
桜ずし

千鳥ヶ淵、上野公園、墨田川…東京を代表する桜の名所はたくさんあります。お花見の時期にぜひ作っていただきたいのが、シンプルだけど滋味深い桜の塩漬けを使ったおすしです。桜のピンクときゅうりの緑がまるで花の咲き誇る風景のようにも見えます。材料は手に入りやすいものばかり。ささっと作ることができるので、急なお客さまのときにもおすすめです。

しゃきしゃきと、おすしの食感に欠かせないきゅうりはたくさん入れるのがこつです

桜の花の塩漬けの刻んだ茎はすし飯に混ぜ、きれいな花は上に散らします。桜の風味がよく、そこにきゅうりとみじん切りのしょうがの歯ごたえが加わって飽きずにいただけます。器としても使える美しい盤台に盛って食卓に。

材料（4人前）

すし飯（しょうが）米2カップ分（10～11ページ）

桜の花の塩漬け　1/3カップ

きゅうり（薄切り）　2本分（85ページ）

しらす干し　1/2カップ

白ごま　大さじ2

作り方

1　桜の花の塩漬けは塩を水でさっと洗い流し、茎と花に分け、それぞれみじん切りにする。すし飯に桜の茎、きゅうり、白ごまを混ぜ合わせ、しらす干しをさっと合わせる。

2　器に盛り、1で分けた桜の花を散らす。

桜の塩漬け。上段右は塩漬けの状態、左は塩を洗い流したもの、下段は塩を洗い流した桜を茎と花に分けたもの。

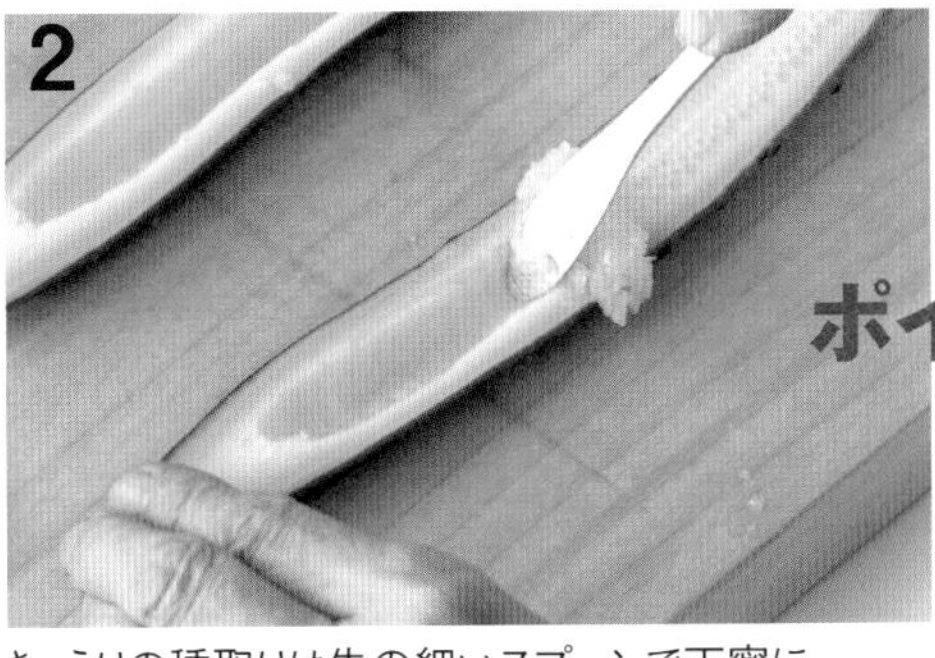

ポイント

きゅうりの種取りは先の細いスプーンで丁寧に。

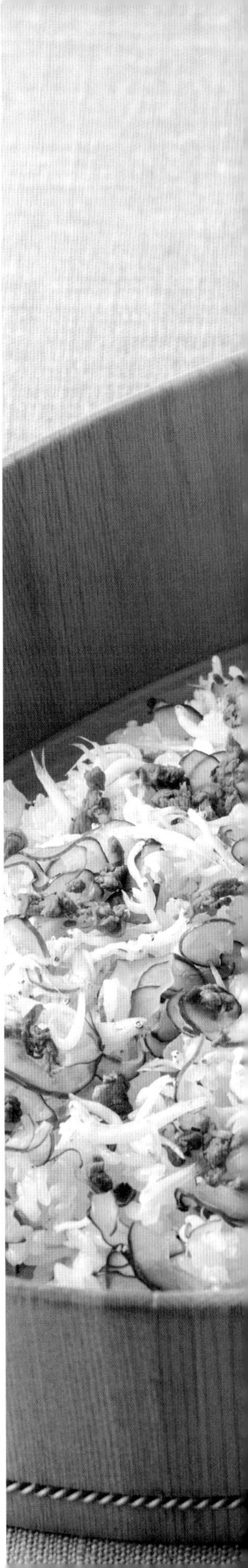

愛らしい形にほっこり はまぐりずし

桃の節句には、はまぐりのお吸い物をいただきますが、こちらは茶懐石の席などにも供されるはまぐりを模したおすしで、東京発祥といわれる茶巾ずしの春版です。焼きあなご、うど、三つ葉の具を混ぜたすし飯をふんわりと焼き上げた卵で包みます。薄焼き卵は丸いフライパンで焼き、四つ折りにしてすし飯を入れて包んだら、熱した鉄箸で貝の模様の焼き印をつけます。

丸いフライパンで薄焼き卵を作るのがポイントです。小ぶりのフライパンで作るとかわいらしいはまぐりに

春らしいさわやかな柑橘酢のすし飯に、焼きあなごの香ばしさとうまみ、うどの食感、三つ葉の香りを合わせます。それぞれの具の味のまとめ役が薄焼き卵。

材料（約8個分）
すし飯（柑橘＝夏みかん） 米2カップ分（10〜11ページ）
焼きあなご（市販品） 2尾
うど 1本
米酢 大さじ2（水2カップと合わせる）
三つ葉 1束（塩 少々）
卵 4個
卵黄 2個分
A
- 薄力粉 小さじ1
- 酒 大さじ3
- みりん 大さじ2

サラダ油 適量

作り方
1 あなごは頭と尾を除き、7㎜幅に切る。うどは皮をむき、5㎜角に切り、酢水にさらしてペーパータオルで水気を押さえる。
2 三つ葉は塩を入れた湯でゆで、冷水にとり、水気を絞ってから細かく切る。
3 卵をすべて合わせてとき、Aと合わせ一度こす。
4 直径10〜12㎝の厚手のフライパンにサラダ油をひき、ごく弱火で熱し、卵液を5㎜厚さぐらいに流してゆっくり焼き、裏返す。同様に8枚焼く。
5 すし飯に、あなご、うど、三つ葉を加え、大きく混ぜ合わせる。8等分に丸めて軽く握る。
6 4の薄焼き卵を三角形になるように四つ折りにし、中に5のすし飯を入れ、8個分作る。鉄箸の先をガス火で熱し、薄焼き卵の上に焼き目を3本つける。

ポイント

1 厚さは約5㎜を目安に錦糸卵よりも厚く焼き、包みやすくする。

2 四つ折りにした薄焼き卵の1枚を広げて袋状にし、中にすし飯を入れる。

夏みかんの酢でさわやか
鯛ちらし

鳴門鯛は潮流の速い鳴門海峡でもまれた真鯛のことで、筋肉が引き締まり、コリコリとした歯ごたえ、適度にのった脂のうまさが特徴です。旬は三月から四月。この頃にやはり徳島の産物で旬を迎える夏みかんとともに作るちらしずしは、まさに春ならではのごちそう。すし酢は夏みかんのしぼり汁で作るさわやかな酸味の柑橘酢です。

愛らしい姿にほっこり
手まりずし

鯛、サーモン、まぐろ、イクラ、えびなどの魚介、錦糸卵、きゅうりなど様々な具をすし飯にのせたり、包んだりして一口サイズに丸く握るおすしは、京都の舞妓さんたちが食べやすいように生み出されたといわれています。ここではひらめのさしみですし飯を包み、間に挟んだ黄身酢がうっすらと透けて見えるよう上品に仕上げます。木の芽の香りが春を呼びます。

夏みかんの皮を器に見立てて盛りつけます。こんな遊び心も楽しいものです

鯛は湯引きすることで余分な脂が落ち、臭みもおさえられおいしくなります。中国料理によく使われる山くらげは水でもどして使います。コリコリとした食感が特徴。

材料（4人前）

すし飯（柑橘＝夏みかん）米2カップ分（10～11ページ）

鯛（皮つき）　半身（約100g。塩少々をふる）

A［米酢　大さじ2
　 しょうが汁　小さじ1

鯛のでんぶ風　100g（89ページ）

山くらげ（乾燥）　20g（水でもどす）

B［みりん　大さじ4
　 米酢　大さじ1

蓮根（小）　1節（短冊の薄切り）

C［米酢　大さじ1
　 塩　少々

D［米酢　大さじ2
　 みりん　大さじ1 1/2
　 塩　小さじ1/4

夏みかん　4個

作り方

1　鯛は、皮を上にしてまな板にのせ、ペーパータオルをかぶせて熱湯をゆっくりかけ、氷水にとる。ペーパータオルで水気を押さえ、皮からそぎ切りにしてバットに入れて、混ぜ合わせたAをかける。15～30分つけて、ペーパータオルで水気を押さえる。

2　山くらげは塩少々（分量外）を入れた熱湯でさっとゆで、小口切りにする。Bのみりんを半量に煮つめて米酢を加え、水気を絞った山くらげと混ぜ合わせる。Cを入れた熱湯で蓮根をさっとゆで、平ざるに広げる。すぐにDと合わせ、最低15分つけて、ペーパータオルで水気を押さえる。

3　すし飯に鯛のでんぶ風、山くらげ、蓮根を混ぜ合わせ、くりぬいた夏みかんに詰め、1の鯛をのせる。

ポイント

鯛の湯引き。沸騰した湯をペーパータオルの上から注ぐことで、皮の色が立ってくる効果も。

鯛のでんぶ風は6本の菜箸で好みのぽろぽろぐあいにする。

実も大きくしっかりしている夏みかんの器に、鯛のでんぶ風、山くらげ、蓮根を混ぜたすし飯を詰めて。

淡泊なひらめのおすしに、ねっとりとした黄身酢が味のアクセントになります

箸で割って食べやすいように、ひらめは薄切りのものを2枚使います。黄身酢がゆるいようなら、湯煎にかけて少しかためにします。すし飯に白ごまをたっぷり入れることで食感が加わりいっそうおいしくいただけます。

材料（約5個分）
すし飯（基本）　米1カップ分（10～11ページ）
ひらめ（さしみ用、薄切り）　50g（10枚）
黄身酢　約大さじ1（81ページ）
白ごま　大さじ2
木の芽　適量
自然塩　適量

作り方
1　ひらめの両面に塩を薄くふり、15分おいてなじませる。
2　すし飯に白ごまを混ぜ、5等分にして、手で軽く握って丸めておく。
3　15cm角の布巾を水にぬらしてしっかり絞る。布巾を広げ、ひらめ2枚を少し重ねて皮目を下にして置く。黄身酢小さじ1/2を上にのせ、2のすし飯を1個のせ、布巾を茶巾に絞る。安定がよくなるようにすし飯の底をくぼませておくとよい。同様に5個作る。
4　器にのせ、てのひらでたたいて香味を立てた木の芽をあしらう。

1

材料。黄身酢のかたさは少々ゆるめに。

ポイント

2

すし飯は等分にしてから握ると大きさがそろう。

3
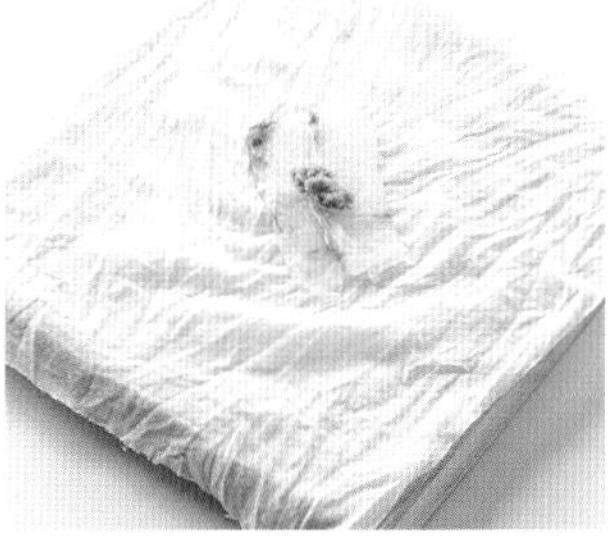
黄身酢のねっとり感と甘酸っぱさがアクセントに。

4
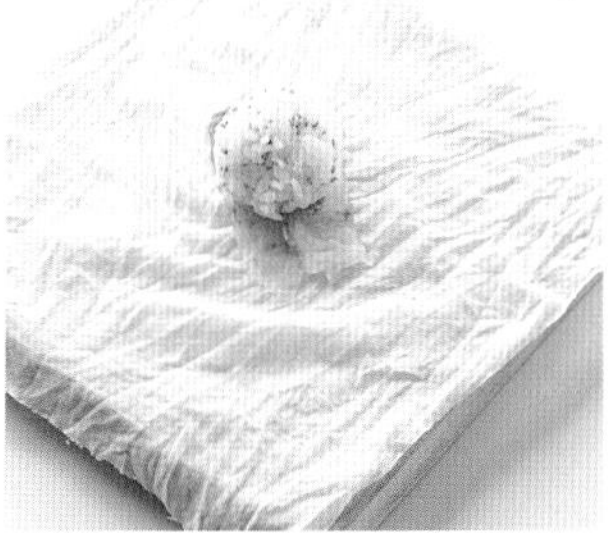
すし飯の量は一口、または二口でいただける大きさで。

5

布巾の四つ角をつまんで持ち上げ、丸くなるように絞る。

6
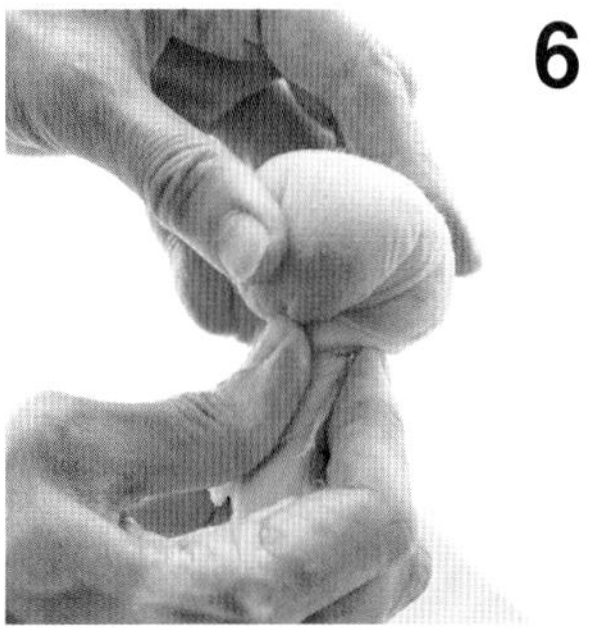
絞った布巾の底をすし飯に押し込んでくぼませ、器に置きやすくする。

7
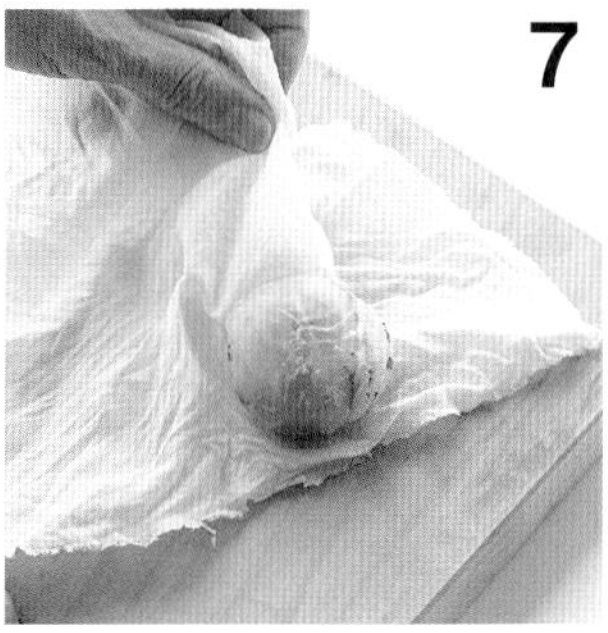
仕上り。

高菜漬けの葉で包んだ

めはりずし

熊野古道で知られた三重と和歌山にまたがる地域に古くから伝わるおすしは、元々は浅漬けの高菜の葉でおにぎりを包んだだけのシンプルなおすしです。今回はさわやかな柑橘酢のすし飯に、高菜漬けの茎とともにしらす干し、白ごまも加え奥行きのある味に。片手でも食べられるので、アウトドアにもおすすめです。

高菜漬けの葉は小さいものより、大きな葉を選んで2~3重に包むとおいしくなります

あらかじめ高菜漬けの葉はペーパータオルで水気を押さえておくと味がよくなります。すし飯に混ぜたみじん切りの高菜の茎、白ごまの食感がよく、たくさん加えることで風味も出ます。

材料（約6個分）
すし飯（柑橘）　米1カップ分（10~11ページ）
高菜漬けの葉（15cm大）　約6枚
白ごま　大さじ3
しらす干し　1カップ

作り方
1　高菜漬けの葉はペーパータオルの上に広げて、水気をきる。茎を切り取り、みじん切りにする。
2　すし飯に1の茎と白ごま、しらす干しを切るように混ぜる。
3　すし飯を6等分にして、丸く握り、高菜の葉で包む。もう一度葉の上から形を整えるように握る。

1

高菜漬けはペーパータオルにのせて、漬け汁の水気をきる。

2

茎はかたいので繊維にそって切り、みじん切りに。

3

柑橘酢のすし飯に、まずは茎と白ごまを混ぜる。

4

次にしらす干しを混ぜる。

5

具を混ぜたすし飯は等分にして握っておく。

ポイント
6
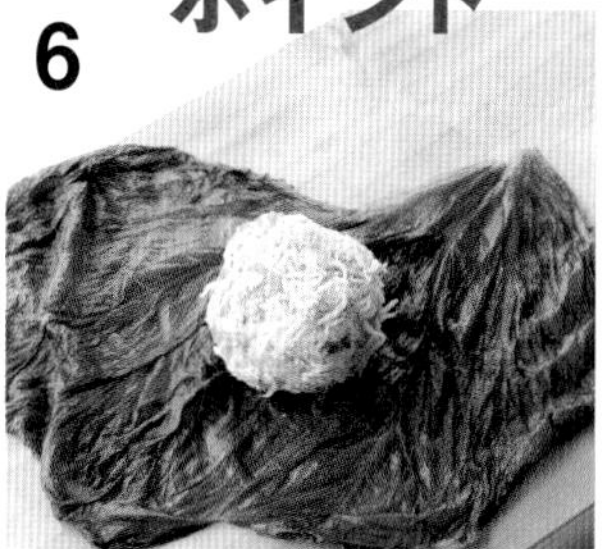
高菜の葉を広げて、すし飯を置く。

7

小さい葉の場合は2枚をずらして重ねて包む。

8

高菜の厚さが均一になるように。

かつおやまぐろをたれに漬けて

手こねずし

三重といえばあわび、伊勢えびなど豊富な海産物で知られていますが、中でも志摩地方南部で親しまれているのが、かつおやまぐろをしょうゆに漬けてすし飯に混ぜたり、のせたりしていただくこのおすし。魚の生臭さを消して風味よくするために薬味が欠かせず、今回はすし飯にしょうが酢を使い、生わさびや大葉のせん切りもたっぷりと合わせます。

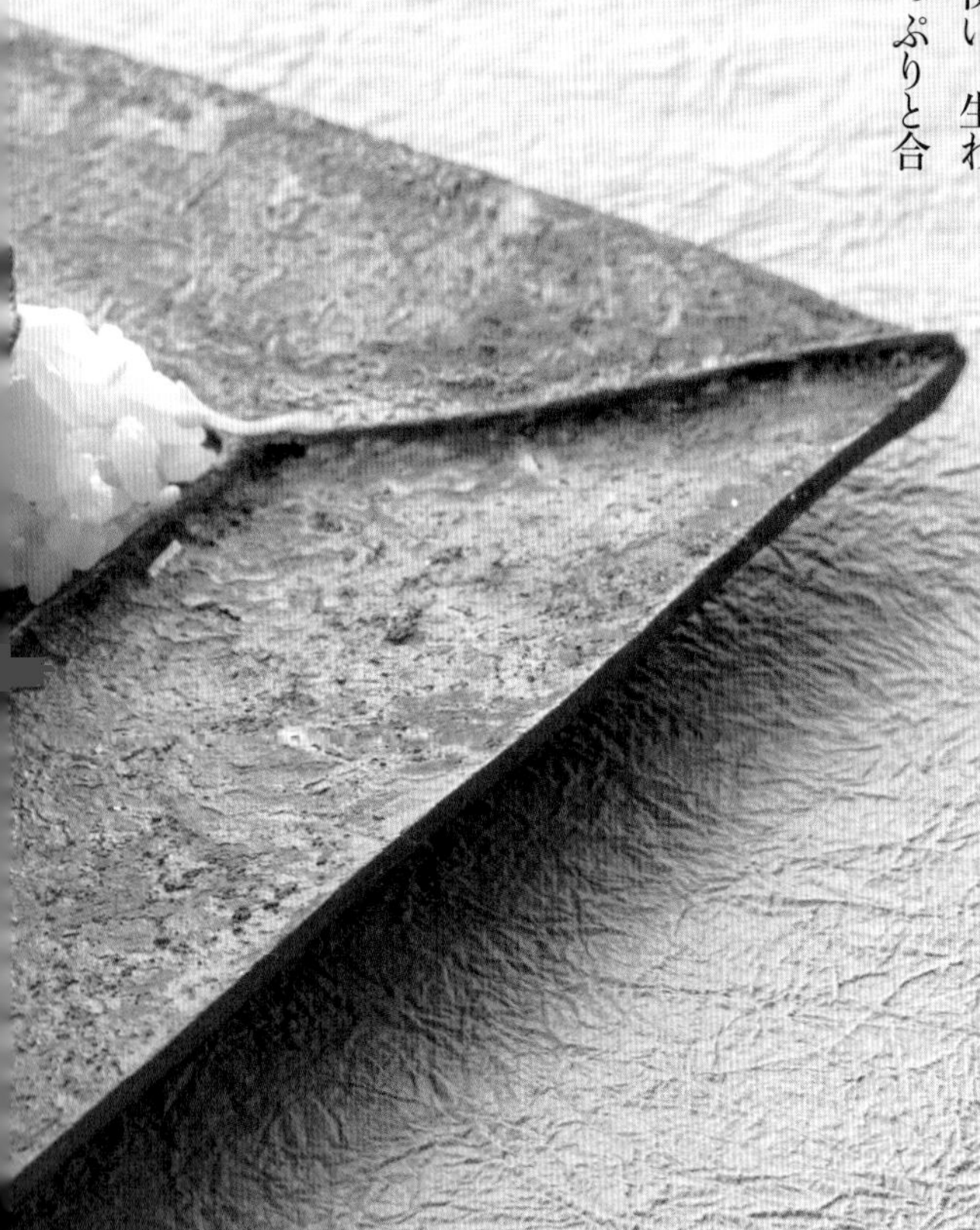

まぐろは使用する部位によって引切り、そぎ切りを使い分けて。半解凍状態で切るとうまくいきます

生わさびはおろさずに刻んですし飯に混ぜます。辛みをおさえるために湯をかけるのがポイントです。せん切りにした大葉も、水に放してしゃきっとさせてから、手でちぎることで空気を含んでふわふわになります。

材料（3～4人前）
すし飯（しょうが）米2カップ分（10～11ページ）
まぐろ（赤身、冷凍、さしみ用）200g
A
しょうゆ　1/2カップ
みりん　大さじ4
酒　大さじ4
ふわふわ大葉　20枚分（86ページ）
生わさび　1/2本（61ページ）
白ごま　大さじ2

作り方

1　まぐろは半解凍の状態で7mm厚さに切る。Aを煮立て、バットに入れて粗熱を飛ばし、まぐろを並べ、ペーパータオルに漬け汁を吸わせるようにして30分～1時間漬ける。ペーパータオルに挟んで水分を取る。

2　わさびは皮をこそぎ、輪切りにしてせん切りにする。ざるに広げて塩少々（分量外）をふってから熱湯を回しかけ、水気をきる。すし飯にわさびと白ごまを混ぜる。まぐろの半量を1cm幅に切り、すし飯に混ぜる。器に盛り、大葉を散らし、残りのまぐろをあしらう。

1

材料。右下はしょうゆ、みりん、酒を合わせた風味のいいまぐろの漬け汁。

2

生わさびはおろすよりも、切るほうが辛みがマイルド。

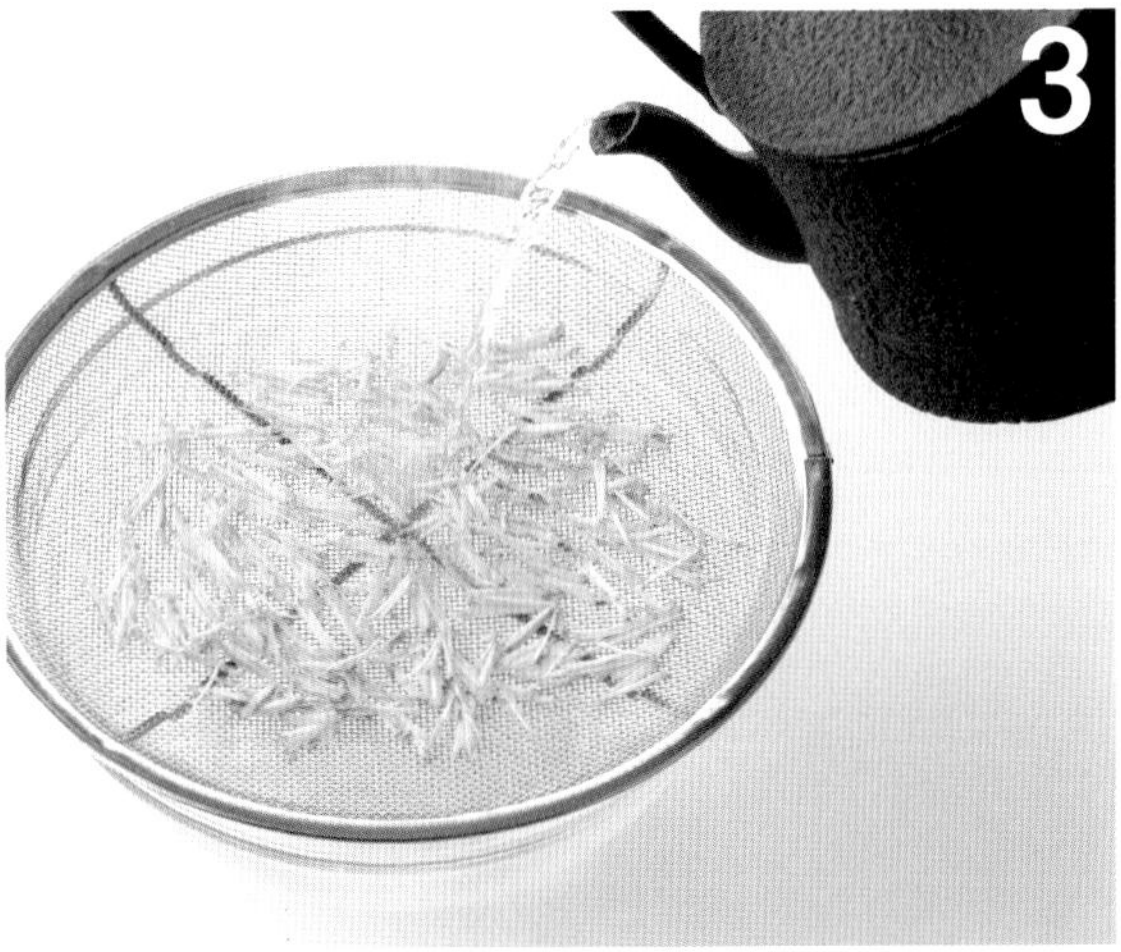

3

わさびのせん切りは湯通しすることであくが取れ、色味もきれいになる。

ポイント

4

まぐろは半解凍の状態で切る。薄い身の場合は、そぎ切りに。

ポイント

5

厚い場合は、左手でまぐろが広がらないように挟んで、引切りにする。

6

まぐろの漬け汁を煮きっているところ。アルコールを充分に飛ばすのが大事。

7

ペーパータオルにも漬け汁を吸わせると、汁の量が少なくても効率よく漬けられる。

8

漬け汁の水分を取るのも、ペーパータオルに並べて挟むようにすると一気にできる。

さば缶が味の決め手
笹ずし

長野の北部、北信地方と呼ばれる地域で昔から作られているおすし。地元ではくま笹の葉の上に、すし飯と具などをのせています。具もわらび、干しぜんまい、しいたけなど山の幸がたっぷり。そして特徴的なのが、さば缶のさばを入れること。海のない地方の知恵なのでしょう。今回は市販の青々とした笹の葉で三角に包んで仕上げます。

さば缶は汁も残さず煮つめてうまみと栄養も逃しません

本来は生の山菜などを使いますが、今回は手に入りやすい乾燥のぜんまいや干ししいたけなどを使い、作りやすくアレンジしたレシピ。梅酢に漬けたしょうがが味と色のアクセントになっています。

材料（8個分）
すし飯（基本）　米2カップ分（10〜11ページ）
さば缶　1個（正味100g）
しょうが（みじん切り）　大さじ1
干ししいたけ　2枚
ぜんまい（乾燥）　30g

A
- 酒　大さじ3
- 三温糖　大さじ1
- しょうゆ　大さじ2

B
- 水　$1\frac{1}{2}$カップ
- 酒　大さじ3
- 三温糖　大さじ2
- しょうゆ　大さじ$1\frac{1}{2}$

C
- 卵　2個
- 卵黄　1個分
- 酒　大さじ1
- 三温糖　小さじ1

しょうがの梅酢漬け（せん切り）　適量（12〜13ページ）
笹の葉　8枚
白ごま　大さじ2
サラダ油　大さじ1

作り方

1　ぜんまいは一晩水につけてもどす。沸騰した湯でやわらかくなるまでゆで、2〜3回ゆでこぼし、5cmに切りそろえる。

2　干ししいたけは、水にくぐらせ、15分おき、軸を取り、薄切りにする。

3　小鍋にさば缶をあけ、しょうがとAを加え、汁気がなくなるまでそぼろ状にする。

4　別の小鍋にしいたけとぜんまいを入れ、Bを順に加えて煮立て、汁気がひたひたになるまで弱火で煮る。火から下ろして室温になったところで、平ざるに広げて水気をきる。

5　Cを混ぜ合わせ、別の小鍋にサラダ油をひいて弱火で熱し、菜箸を4本持ち、細かいいり卵を作り、平皿に広げて室温にする。

6　すし飯にさばのそぼろと白ごまを合わせる。

7　6を8等分して小さな一口大に形作り、笹の葉の軸寄りにのせ、4といり卵、しょうがの梅酢漬けをあしらう。笹の葉を三角に折り、軸を折った三角の内側から通してとめる。

ポイント

さばは汁ごと入れ、臭み消しのしょうがのみじん切り、酒、三温糖、しょうゆで風味よく。

卵は混ぜ合わせたら一度こしてから煎ると、なめらかな食感で色が均一になる。

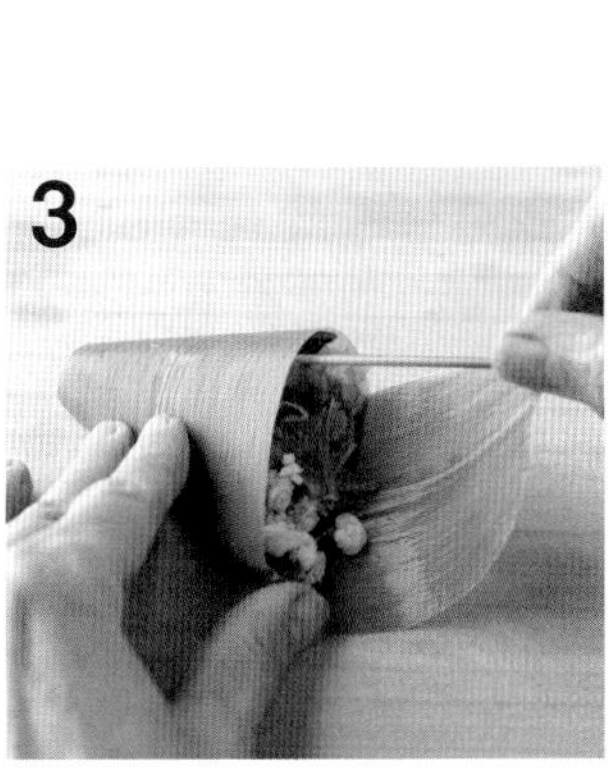

手に酢水をつけ、すし飯を小さな一口大8個分に丸めてから包むとやりやすい。

山椒がぴりっときいた

あなごずし

江戸前の煮あなごに対して、関西は焼きあなごといわれますが、関西で好まれよく食べられているのがあなごの棒ずしです。すし飯にあなごをのせ、巻きすで整えて食べやすい大きさに切り分けていただきます。今回は焼きあなごを甘辛のたれで煮た煮あなごを使うことでふっくらジューシーに。山椒の実が入ったすし飯と煮あなごの相性がばっちりです。

巻きすがなくてもラップフィルムと布巾で手軽に巻きずしが作れます

巻きすの代りにラップフィルムと布巾を利用して巻きます。大きくすると絞るのが大変なので全体的に小ぶりに作るのがきれいな仕上りのこつ。形がくずれないように、思いっ切り絞りましょう。

材料（4本分）
すし飯（基本）　米2カップ分（10〜11ページ）
煮あなご　2尾分（長さを半分に切る（87ページ））
山椒の実のしょうゆ漬け　大さじ3

作り方
1　山椒の実は水気をきり、すし飯に混ぜる。4等分にし、それぞれを俵形に握る。
2　しっかりと水気を絞ったぬれ布巾をまな板に広げ、ラップフィルムを重ねる。あなご2枚を皮を上にして並べ、1のすし飯をのせ、ラップフィルムできっちりと巻く。
3　次に布巾できっちり巻いて、あめ包みのように両端をぎゅっとねじって絞り込む。同様に4本作る。両端を下に敷いて、4本がぴったり収まるバットに並べ、30分〜1時間おいて味をなじませる。
4　布巾を取り除く。ぬれたペーパータオルで包丁を拭きながら、ラップフィルムの上から食べやすい大きさに引切りにして器に盛りつける。

1

冷凍しておいた煮あなごを使う場合は、自然解凍で。

2

すし飯に山椒の実を混ぜる。

3

あなごは皮を上にして置く。俵形にしたすし飯をのせる。

4
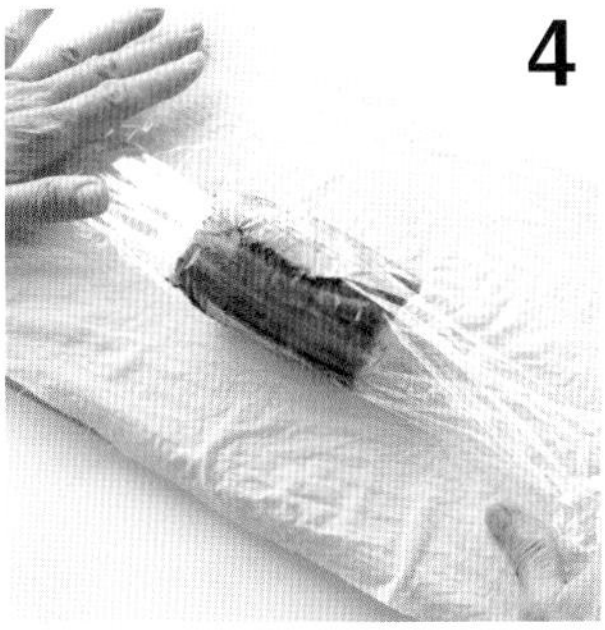
すし飯とあなごが離れないようにまずはラップフィルムで巻く。

5

ラップフィルムの上から、布巾で巻く。

ポイント
6

ラップフィルムと布巾の両端をかたくねじる。

7
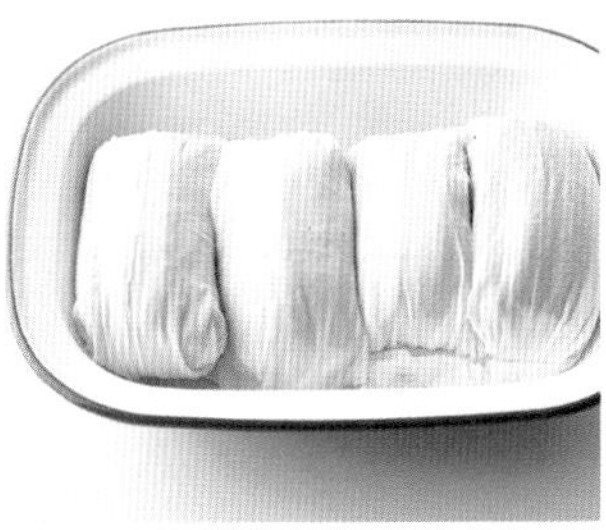
4本巻いたら、サイズが合うバットなどに詰めて時間をおく。

きりっとした味の
東日本（俵形）

東と西の
いなりずし

いなりずしは各地で作られていますが、味つけや形状などに地域色があるのもおもしろいところです。東日本と西日本では油揚げの味つけと包み方、すし飯などに違いが見られます。東は油揚げを濃めの味つけで煮て、すし飯には何も具を入れないかガリやごまを入れてシンプルに。西は薄味にあっさりと煮た油揚げに具だくさんのすし飯を入れて三角に包みます。油揚げを前日に煮ておくと、味がなじみます。

少し甘めの西日本（三角形）

おいしさのポイントは、油揚げの油抜きを丁寧にしてしっかり油を抜くこと。油が残っていると、煮たときにかたくなり、ジューシーに仕上がりません

油揚げの油抜きは東、西とも同じです。たっぷりの湯でゆでてへらで油揚げを押して、油を抜きます。ざるに広げたら水をかけてさらに油を流してから、一枚一枚ロール状にして水気を絞ります。

〈前日〉

●油揚げの油抜きと下ごしらえ
（東日本、西日本共通）
材料（20個分）
油揚げ（長方形のもの）　10枚

●東日本のいなりずし
A ┌ だし　2カップ
　│ 酒　1/2カップ
　└ ざらめ糖　50g
みりん　1/2カップ
しょうゆ　大さじ3

ポイント

油揚げの油抜きと下ごしらえ

前日にやっておくと味がなじみます。

1

破らないようにへらで押してしっかり油を出す。

2

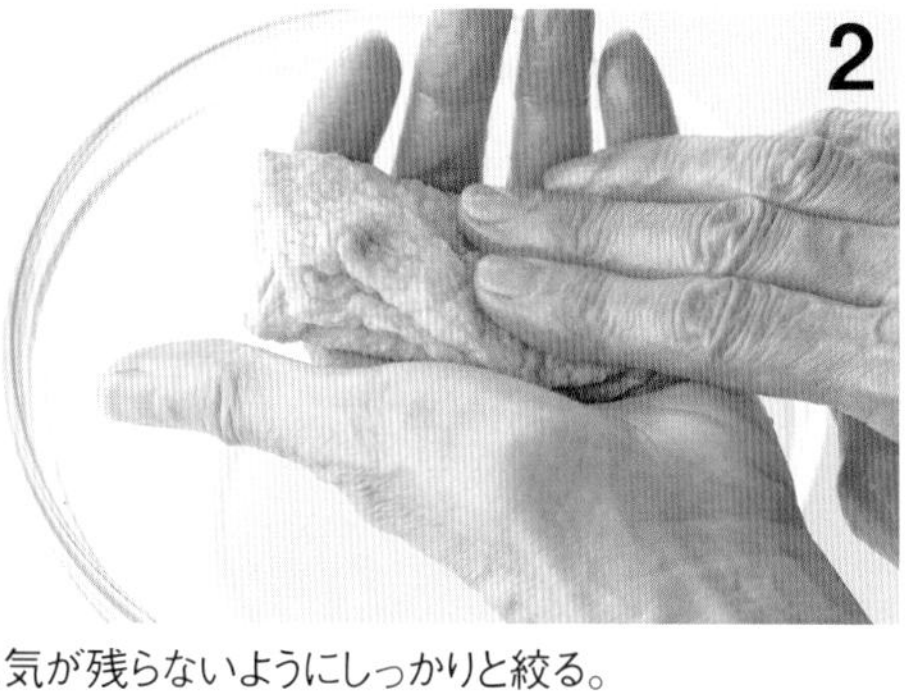

水気が残らないようにしっかりと絞る。

3

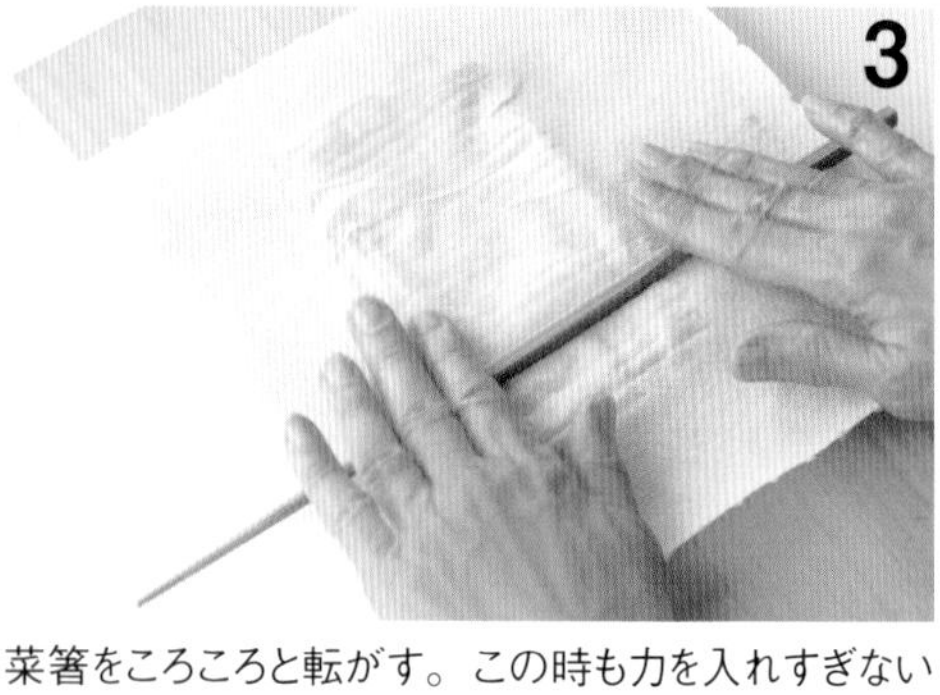

菜箸をころころと転がす。この時も力を入れすぎないようにやさしく。

●西日本のいなりずし

A
- だし　2カップ
- 酒　1/2カップ
- ざらめ糖　50g

三温糖　1/4カップ
うす口しょうゆ　大さじ2

作り方

1　大きめの鍋にたっぷりの湯を沸騰させ、油揚げを入れて、先が平らな木べらで湯に押し入れ、5分ゆでて油をしっかり抜く。

2　平ざるに広げ、冷水をゆっくり回しかけ油を流しながら冷ます。

3　1枚ずつロール状に巻き、両手で挟んで水気を絞る。

4　まな板に油揚げを縦に置き、厚手のペーパータオルをのせ、菜箸を置いて両てのひらで押さえながら油揚げの上を数回転がし、油揚げを開きやすくする。東日本の場合は横に半分に切り、西日本の場合は斜めに三角に切り、共に丁寧にはがして袋状にする。

●東日本のいなりずし

5　土鍋、または厚手の鍋に竹皮を敷き、下ごしらえした油揚げを重ねて入れる。Aを加え中火にかけ、ふつふつしてきたら、みりんを加え、竹皮の両端を折り込んでから落しぶたをして、弱火で15分煮る。

6　しょうゆを加え5分煮てから火を止め、ふたをして、そのまま一晩おく。

●西日本のいなりずし

5　土鍋、または厚手の鍋に竹皮を敷き、下ごしらえした油揚げを重ねて入れる。Aを加え中火にかけふつふつしてきたら、三温糖を加え、竹皮の両端を折ってから落しぶたをして、弱火で15分煮る。

6　うす口しょうゆを加え2～3分煮てから火を止めてふたをして、そのまま一晩おく。

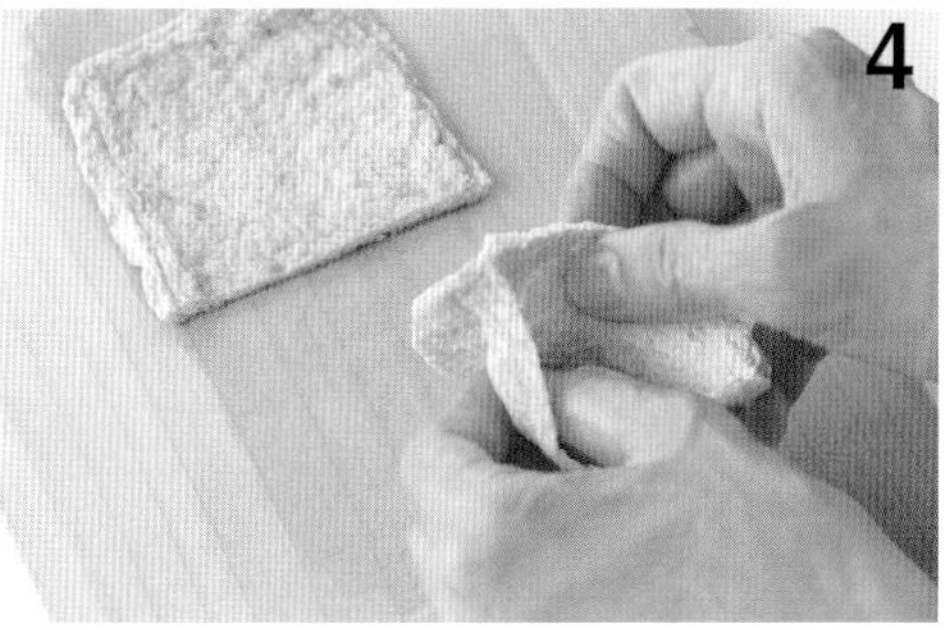

油揚げを半分に切り、切り口から破らないように少しずつ親指を中に入れながらはがしていく。

西日本は対角線上に三角に切った油揚げで。

竹皮は油揚げが鍋底に焦げつかないように敷くが、ない場合は鍋の中をよく見ながら煮る。

竹皮の両端を折って落しぶたをして煮る。

左は東日本。すし飯には刻んだしょうがの酢漬けと白ごまを。右の西日本のものには干ししいたけの含め煮、酒煎りにんじん、奈良漬けなど具だくさんで。

〈当日〉

●東日本のいなりずし

材料（20個分）

すし飯（基本） 米2カップ分（10〜11ページ）

前日に煮た油揚げ 10枚分

しょうがの酢漬け（薄切り） 1/2カップ（12〜13ページ）

白ごま 大さじ3

作り方

1 煮た油揚げは平ざるにのせて15分おき、自然に水気をきる。

2 すし飯にしょうがの酢漬けの水気をきって粗みじん切りにしたものと白ごまを加え、飯べらで切るように合わせ、20等分にして軽く握る。

3 油揚げの角を内側から指で押してきちんと整え、2のすし飯を角まで詰め、入れ口を八の字に折り込んでから巻き、巻き終りを下にして置く。

1

油揚げは横半分に切ったもの。具はしょうがの酢漬けと白ごま。

2

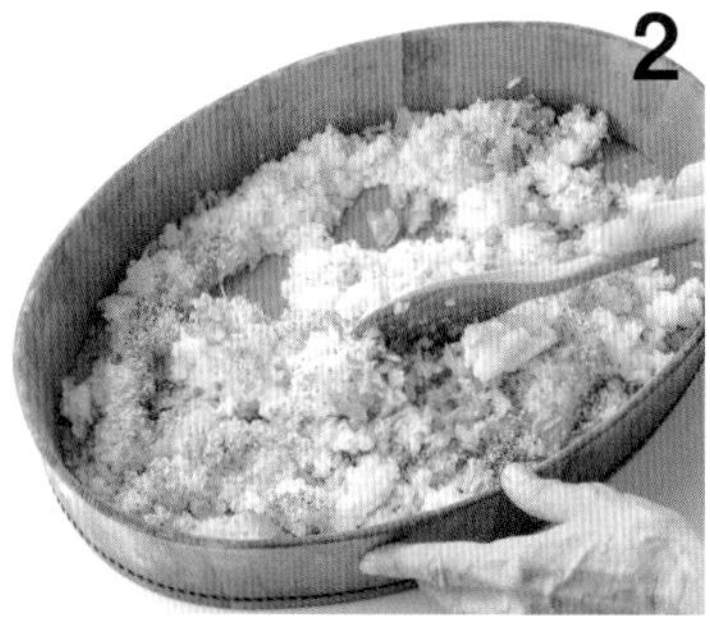

具はすし飯に切るように混ぜる。

3

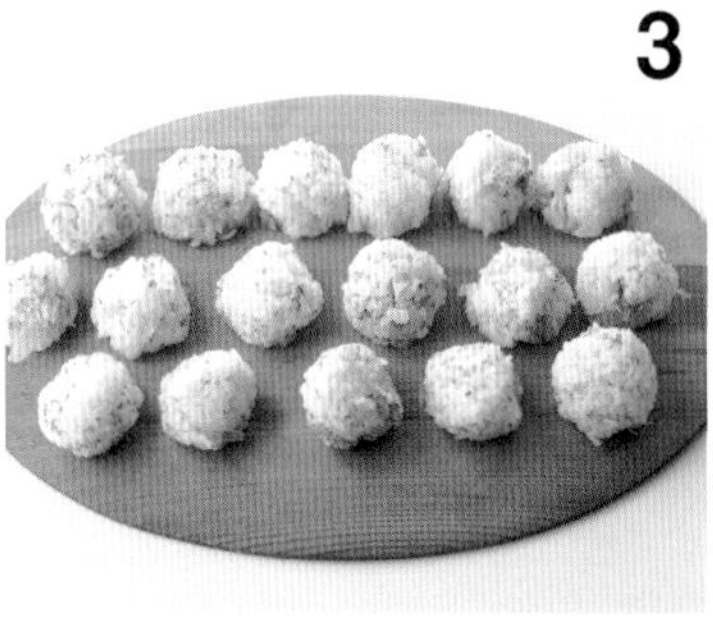

あらかじめ等分に軽く握っておく。

4

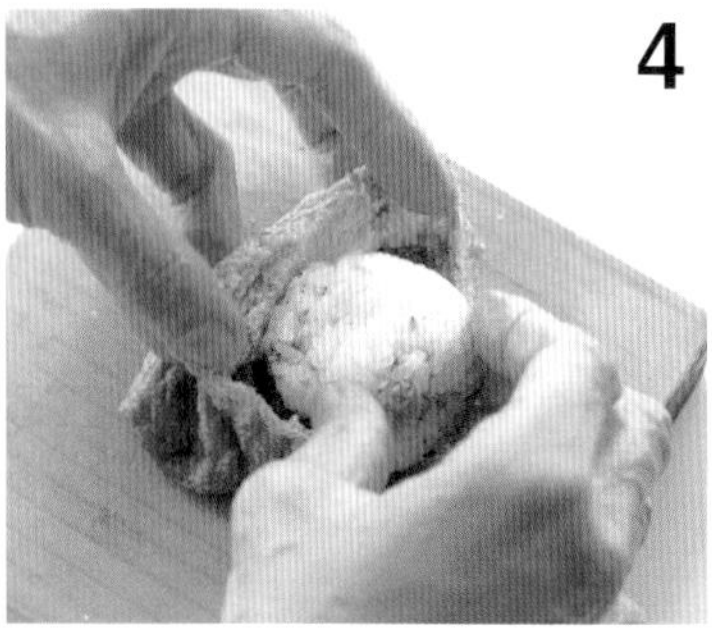

油揚げを破かないように丁寧に入れる。

5

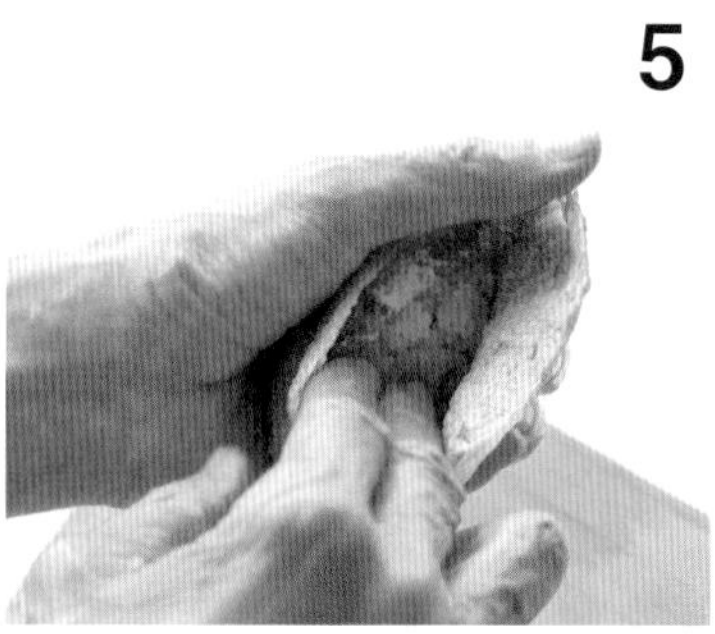

すし飯は指で押さえるようにして詰める。

6

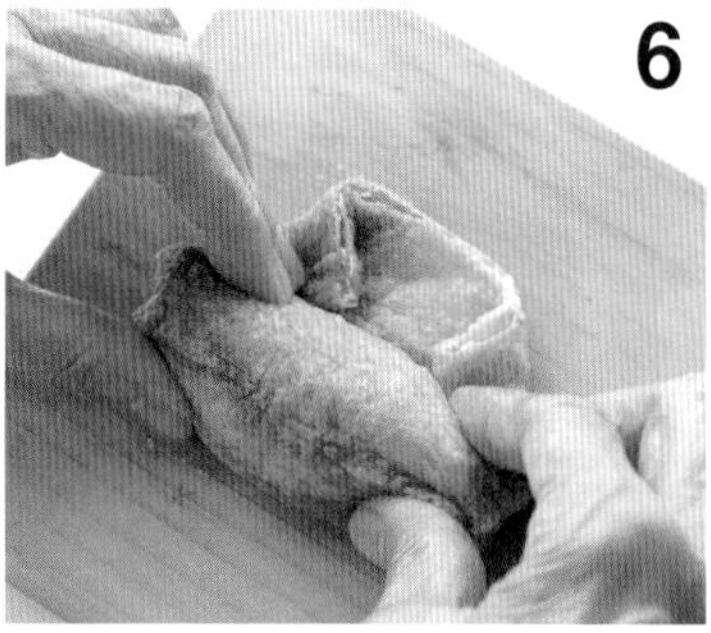

仕上りがきれいになるように、入れ口を内側に折ってから巻く。

7

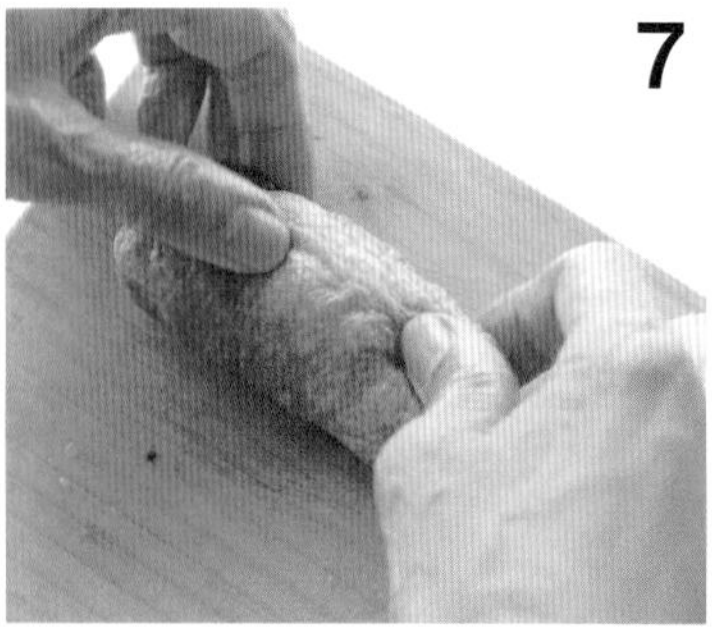

くるっと巻いたら、巻き終りを下にして形を整える。

●西日本のいなりずし

材料（20個分）

すし飯（基本＋三温糖　大さじ1）

米2カップ分（10～11ページ）

前日に煮た油揚げ　10枚分

A

干ししいたけの含め煮　1/4カップ（83ページ）

酒煎りにんじん　1/3カップ（84ページ）

奈良漬け　1/3カップ

ゆで三つ葉（粗みじん切り）　1/3カップ

作り方

1　煮た油揚げは平ざるにのせて15分おき、自然に水気をきる。

2　Aの具をすべてみじん切りにして、すし飯に加え、飯べらで切るように合わせ、20個に軽く握る（東日本より気持ち小さめに）。

3　三角の油揚げの長い辺の角を内側に折り込み、三角の角がきれいに出るようにすし飯を詰め、20等分にした三つ葉をのせる。入れ口を内側に折り込んで三角に形作り、入れ口を下にして置く。

1

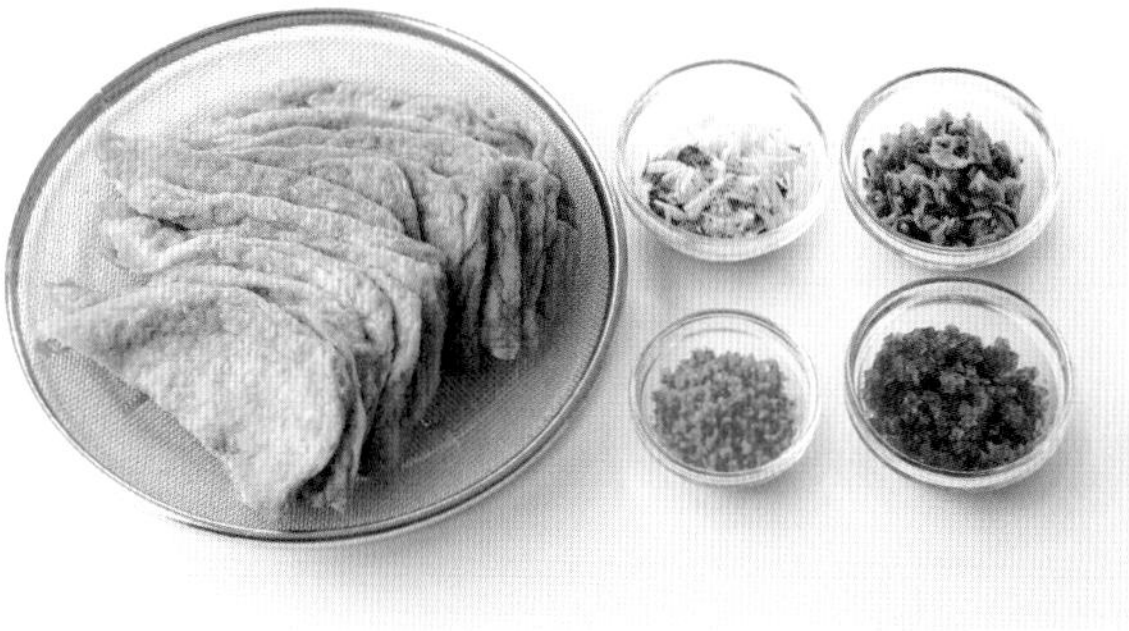

油揚げは包む前にざるにのせ、水気をきる。すし飯の具は多め。

2

すし飯はあらかじめ等分にして丸めておくと大きさもそろい、油揚げに入れやすい。

3

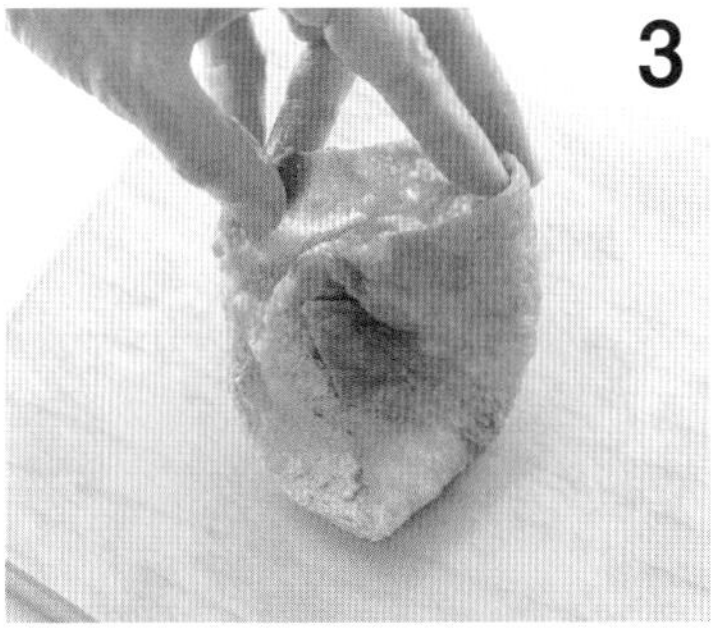

三角の長いほうの辺は油揚げの中に折り込む。

4

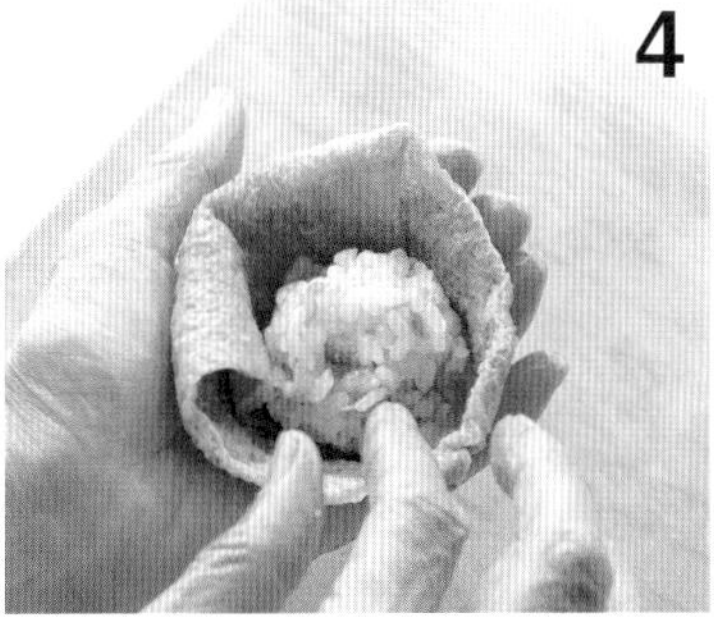

すし飯を1個ずつ入れて、角のほうまで指で押し込む。

5

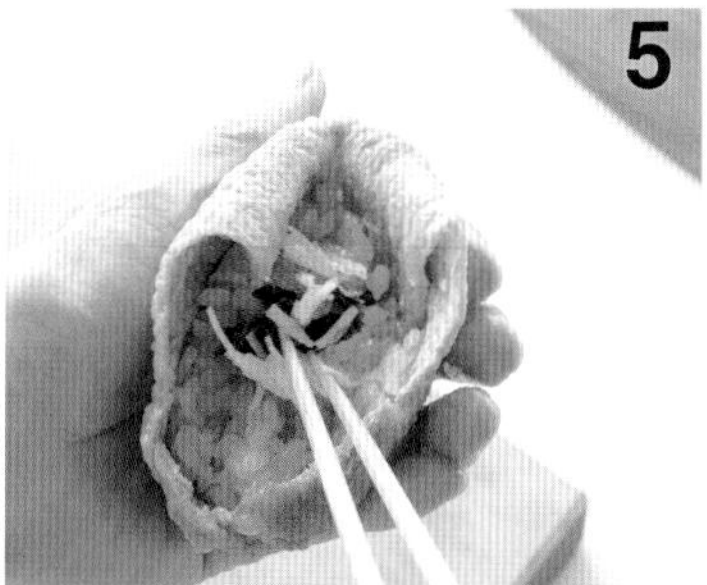

香りと食感のいいゆで三つ葉は最後に入れて。

6

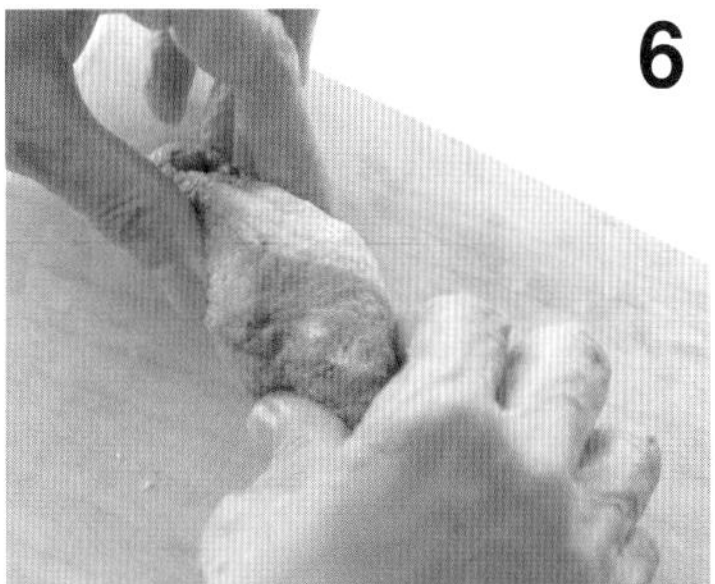

きれいな三角になるように形を整える。

余ったときの始末料理→92ページ

香り豊かな
柿の葉ずし

柿の葉ずしは奈良を代表する郷土の味です。昔は三重の熊野灘でとれた、浜塩をしたさばが数日かけて山を越えて奈良に運ばれてきたそうです。そのさばをきれいに洗った柿の葉で包み、木箱に並べ、重しをして一晩おき、味をならしてからいただいたのが、本来の柿の葉ずし。現代ではいろいろな魚でバリエーション豊かに作られています。ここでは福井・小浜の小鯛の笹漬けとスモークサーモンで作ってみました。

【柿の葉ずし P.50】

味をならしたほうがおいしくなるので、柿の葉で包んだら一晩おくといいでしょう

柿の葉は消毒をしていないものを選んで使いましょう。インターネットで購入することもできます。型があったほうが作りやすいので、今回は幕の内弁当のご飯用の木型を利用しました。まずはすし飯を形作り、取り出して具をのせてから再度型に入れて押します。具はそれぞれに下味をつけた小鯛の笹漬けとスモークサーモンです。

材料（約24個分）
すし飯（基本のすし酢の分量を2倍にして、さらに三温糖大さじ2を加える） 米4カップ分（10～11ページ）
小鯛の笹漬け 6枚（半分に切る）
A［米酢 大さじ2
　しょうが汁 大さじ1/2
スモークサーモン（脂の少ないもの） 約8枚（すし飯に合わせて切る）
B［米酢 大さじ1
　しょうが汁 小さじ1
柿の葉 約24枚

作り方
1 小笹の笹漬けとA、スモークサーモンとBをそれぞれ合わせて、15分おく。どちらもペーパータオルに挟んで水気を押さえる。
2 木型を薄い酢水（分量外）につけ、水気をきる。すし飯を木型に詰めて、軽く押して一度型から取り出し、上にスモークサーモンを1枚ずつのせ、再度型に入れて今度はしっかり押す。1個ずつ型から外し、裏返した柿の葉に具が下になるように置き、くるむ。
3 両端を折り込みながら、隙間なくきっちりと詰められる容器（できれば杉などの木箱）に入れて3～5時間、または一晩おいて味をならす。小鯛も同様に作るが、柿の葉の裏側が出るように包むとサーモンとの違いがわかりやすい。

1

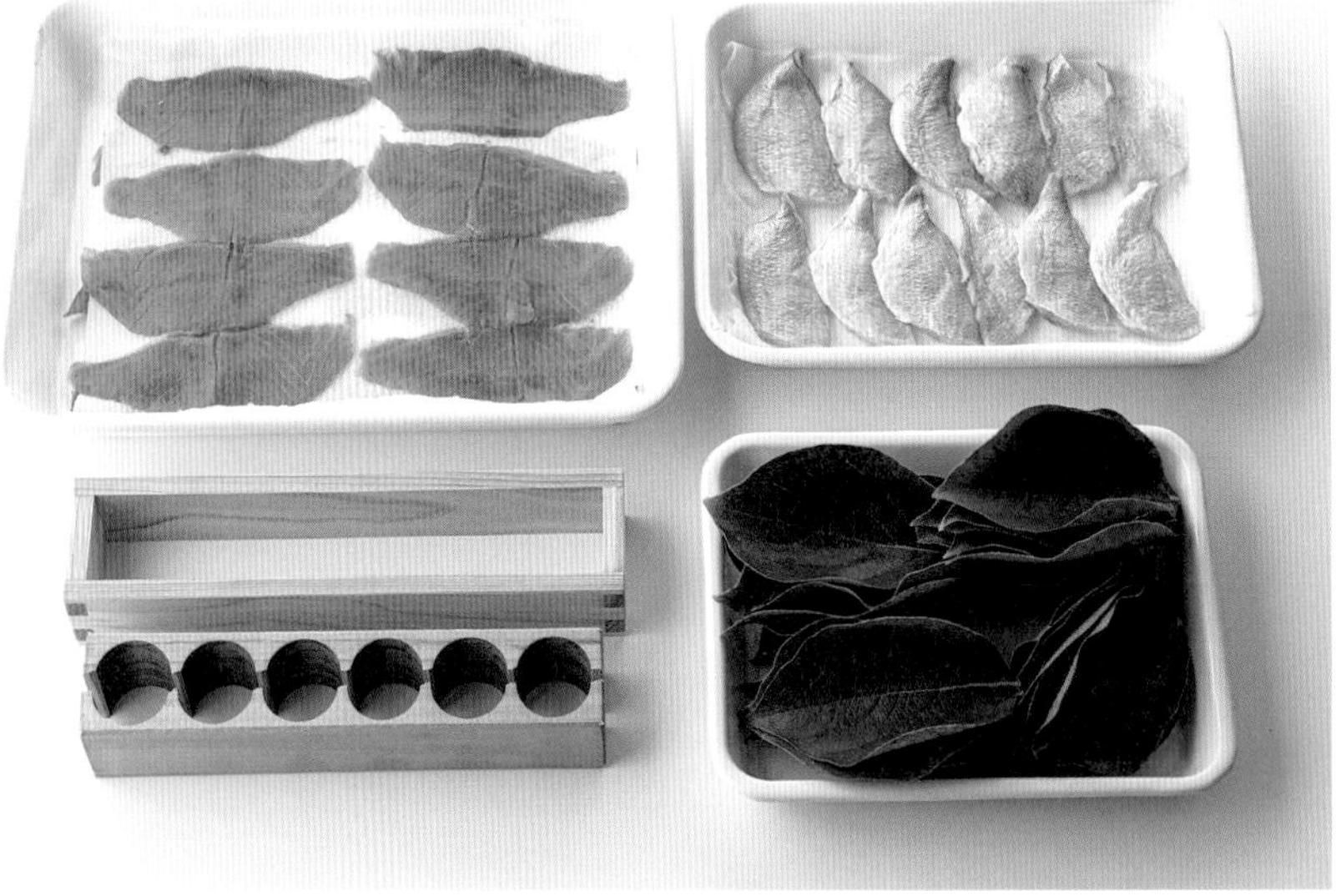

材料。上段左からスモークサーモン、小鯛の笹漬け、下段左から幕の内弁当の木型、柿の葉。

2

風味をよくするために、サーモンと小鯛は酢としょうが汁で下味をつける。

3

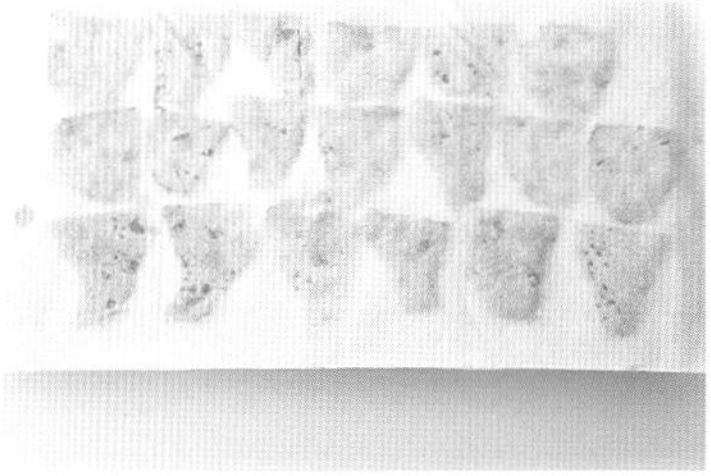

水気はペーパータオルで押さえる。

4

木型を利用すると大きさもそろい、作業がしやすい。

5

すし飯を木型で押して形作ったところ。

6

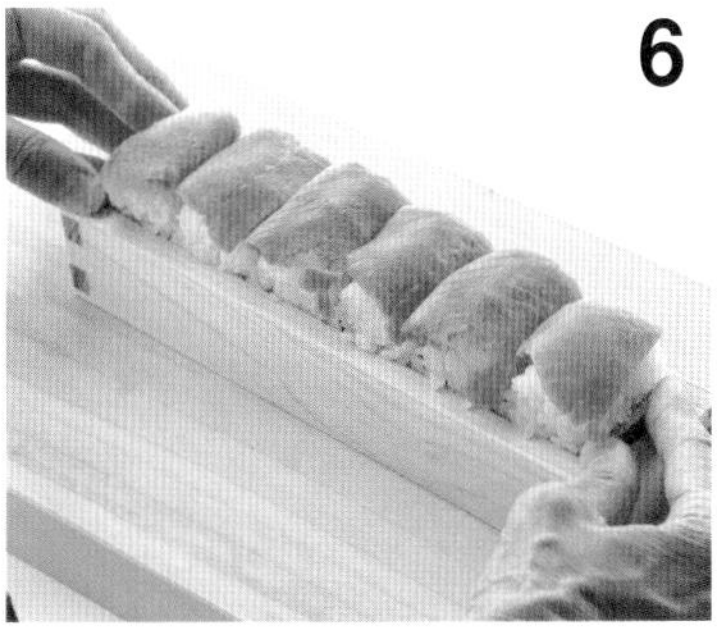

具の魚を1枚ずつのせてから、再度木型に入れる。

7

すし飯を具とともに木型に入れて押したところ。

8

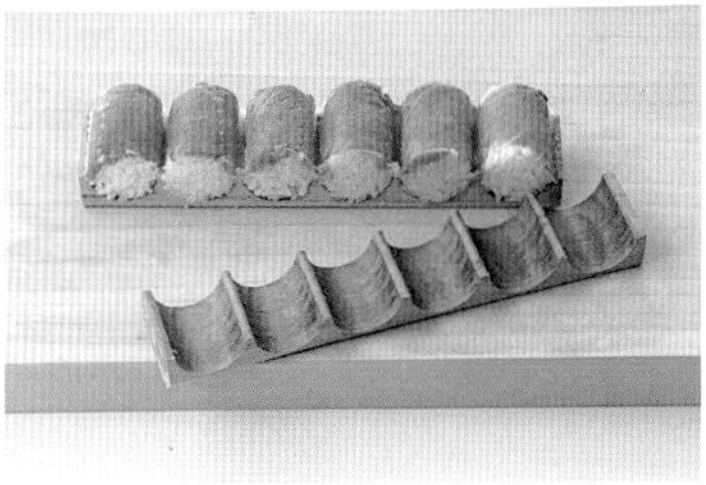

木型で押すことですし飯と具がくっつく。

9

木型から外したサーモンと小鯛。

10

まな板に柿の葉を置き、具を下にしてすし飯をのせる。

11

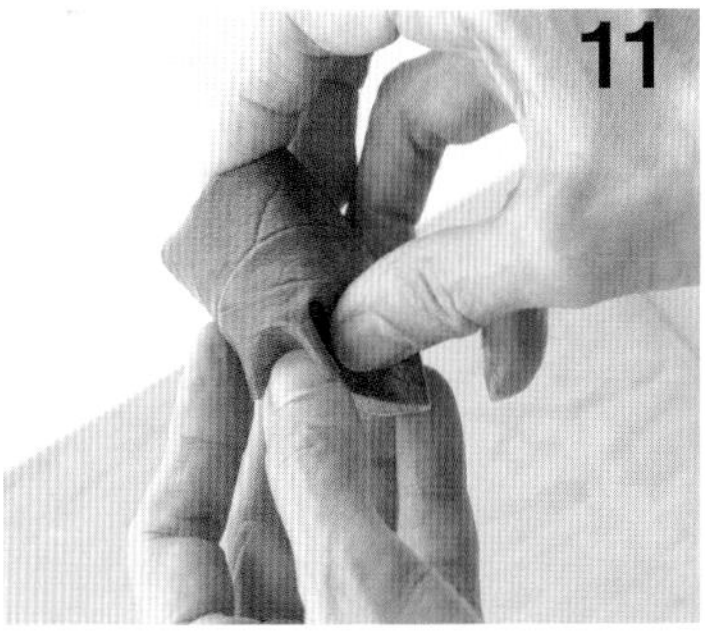

両端をきっちりと折り込む。

12

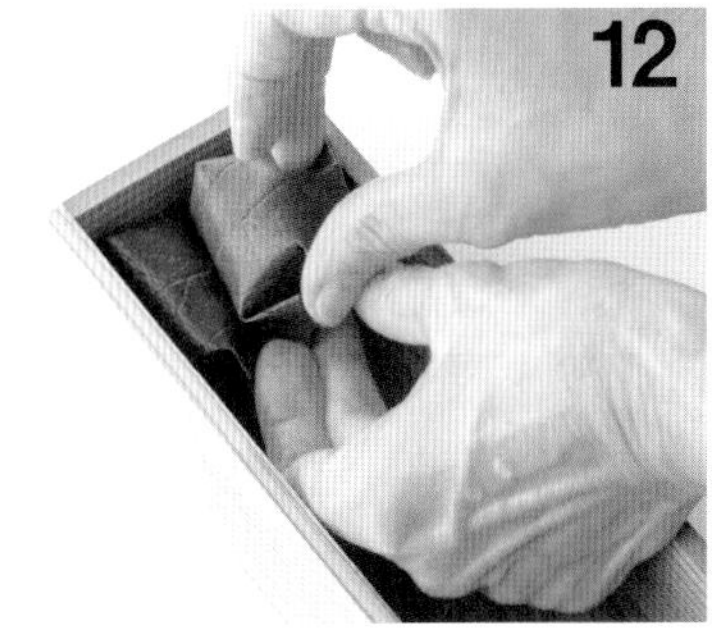

味をならすために、木箱などの容器に隙間なく詰める。

ポイント

13

できれば一晩おくと、柿の葉の香りも移っておいしい。

祭りには欠かせなかった
さばずし

かつて京都には若狭から続くさば街道を通って、鮮度を保つために浜で塩をふったさばが運ばれてきました。2～3日かけて京都に到着する頃には程よい塩加減に。本来はこの塩さばを使うのが、京都のさばずしの特徴で、ハレの日や祭りには必ず作られ、親戚や近所に配り、家庭ごとの味の違いを楽しんだといいます。今回は生のさばを砂糖でしめて、さらに塩と酢でしめて作ります。新鮮なさばを選んでください。

気取らないのがいい
お台所ずし

大阪といえば、食材を無駄なく使い切る始末料理が知られています。人々の暮しの中から生まれた知恵と工夫の料理です。お台所ずしもその名のとおり、普段から台所や冷蔵庫にある食材を使って無駄なく、おいしく作ります。決まった具はありませんが、色味、食感、味のバランスを考えて、具の大きさはそろえるようにするといいでしょう。

三温糖→塩→酢の3段階でしめます。これで余分な水分が出て味がしっかりと入ったしめさばが作れます

さばのしめ方がポイントです。砂糖で脱水することで、次の塩が入りやすくうまみも増します。最後に酢でしめることで、殺菌とともに日もちもよくなり、風味も出ます。巻いたら最低2〜3時間おいて味をならしてからいただきます。

材料（2本分）
- すし飯（しょうが）米2カップ分（10〜11ページ）
- さば（さしみ用）1尾（三枚におろす）
- 三温糖　約1カップ
- 塩　1カップ
- A
  - 昆布（3×5㎝）　2枚
  - 柑橘の輪切り（すだち、かぼすなど）　4枚
- 白板昆布（8×20㎝）2枚
- 米酢　適量
- しょうがの酢漬け（乱切り）　適量（12〜13ページ）
- 山椒の実のしょうゆ漬け　適量

作り方

1　さばは、身側に三温糖をまぶし、30分冷蔵庫におく。10％の酢水で三温糖を洗い、身側に塩をまぶし、30分冷蔵庫におく。酢洗いし、バットにAと合わせ、ペーパータオルを上に広げ、米酢1/2カップを回しかけ、冷蔵庫に30〜40分おく。途中で上下を返す。

2　さばの腹骨を抜いて皮を除き、尾側の薄い部分に合わせて身の厚い部分をそぐ。

3　すし飯の半量を棒状に形作る。水にぬらしてかたく絞った布巾を広げた上にラップフィルムをのせ、白板昆布1枚を敷き、さばの皮を下にして置く。すし飯をのせ、まずラップフィルムで形を整えながら巻いてから布巾で包み、左右をあめ絞りの要領で絞り込む。同様にもう1本作る。室温で少なくとも2〜3時間ねかす。一口大に切り、器に盛る。しょうがの酢漬けに山椒の実を混ぜて添える。

ポイント

さばに三温糖をまぶすことで、身がねっとりして、こくも出る。次にする塩も入りやすくなる。

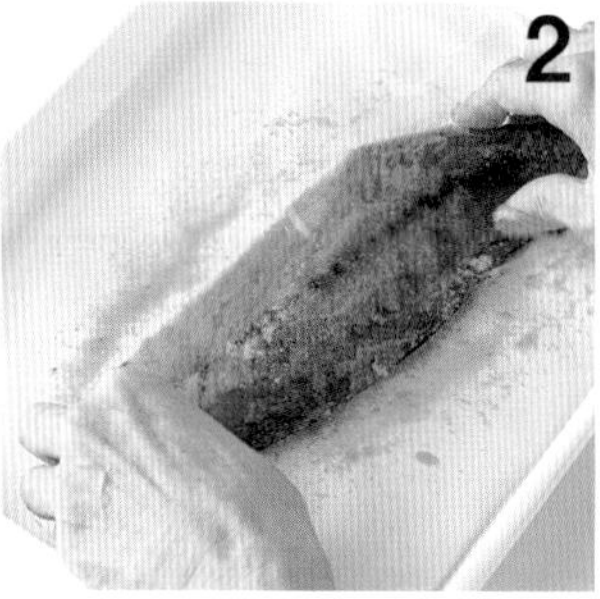

三温糖は水ではなく酢水で落とす、酢洗いを。

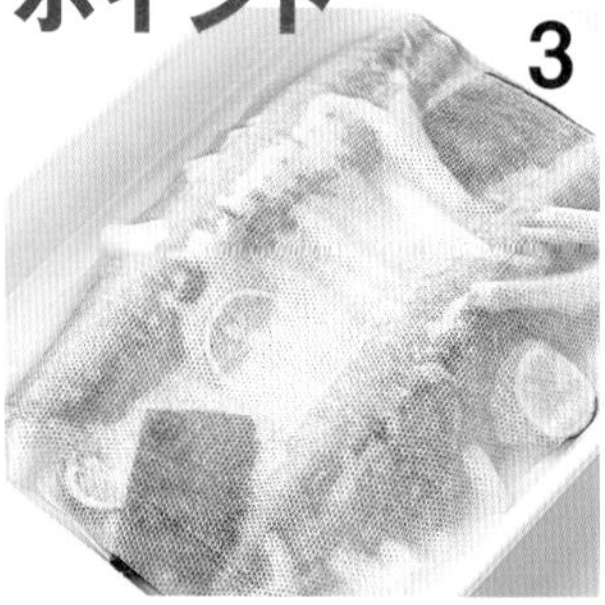

バットにさばと輪切りの柑橘（写真はすだち）、昆布を並べ、ペーパータオルをのせて上から酢をかけると、少量の酢ですむ。

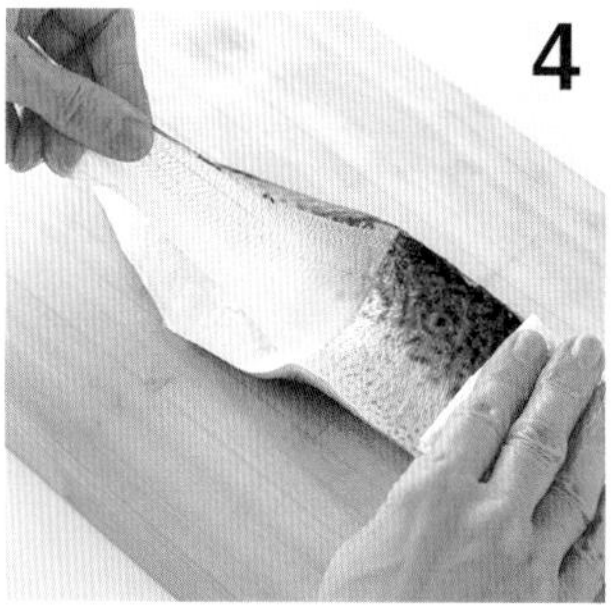

頭から尾に向かってさばの皮をむく。後で巻いたときに厚みが均等になるように、身の厚い部分をそぐ。

布巾とラップフィルムを重ねた上に昆布とさばをのせる。この後、半量のすし飯をのせ、包む。

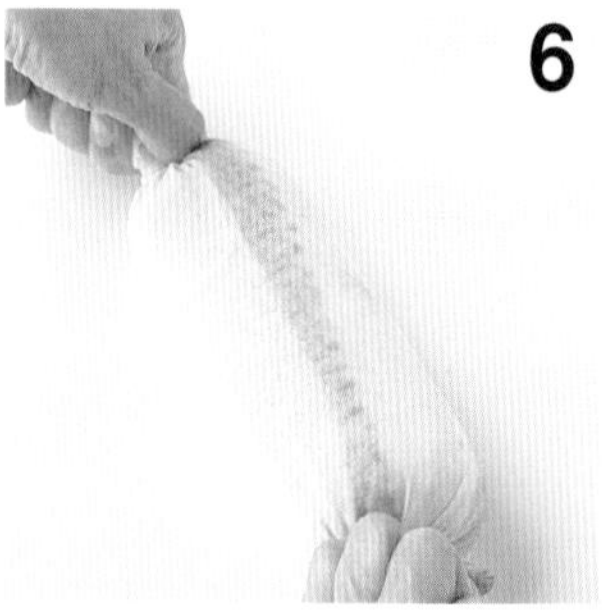

ラップフィルムと布巾できっちりとさばをくるんで、両端をきつくねじる。最後に巻きすで巻いて形を整える。

具はお好みですが、具の一つに魚を加えると
おすし全体のうまみがぐっと増します

このお台所ずしの具もたくあん、いり卵、ツナ缶、薄切りのきゅうり、焼いた油揚げなど庶民的なものばかり。たくあんはフードプロセッサーなどでみじん切りに、油揚げは細切りにして、すべての具の大きさをそろえています。

材料（4人前）
すし飯（しょうが）米2カップ分（10～11ページ）
たくあん　約直径3×4cm長さ
A
- 卵　4個
- 酒　大さじ2

B
- ツナ缶　正味140g（油をきる）
- しょうが（みじん切り）　大さじ1
- 酒　大さじ3
- うす口しょうゆ　大さじ1

きゅうり（薄切り）　2本分（85ページ）
油揚げ　1枚
グレープシードオイル　大さじ1

作り方
1　Aを合わせ、とく。油を中火で熱した鍋に入れ、すぐ木べらでかき混ぜてふわっとしたいり卵を作る。たくあんはフードプロセッサー、または包丁でみじん切りにする。
2　小鍋にBを合わせ、中火にかけ、菜箸4本を使ってそぼろ状に汁気がなくなるまで煎る。
3　フライパンを中火でしっかり熱し、油揚げを入れ、箸で少し押さえるようにしながら油を出すように両面をかりっと焼き上げる。ペーパータオルにとり、粗熱が取れたら半分の幅に切り、細いせん切りにする。
4　すし飯に、たくあん、ツナ、油揚げ、きゅうりを合わせ、最後にいり卵を加えさっと合わせる。

材料。ツナの油ときゅうりの水気はよくきること。

卵は軽く熱した油に入れ、すぐかき混ぜる。

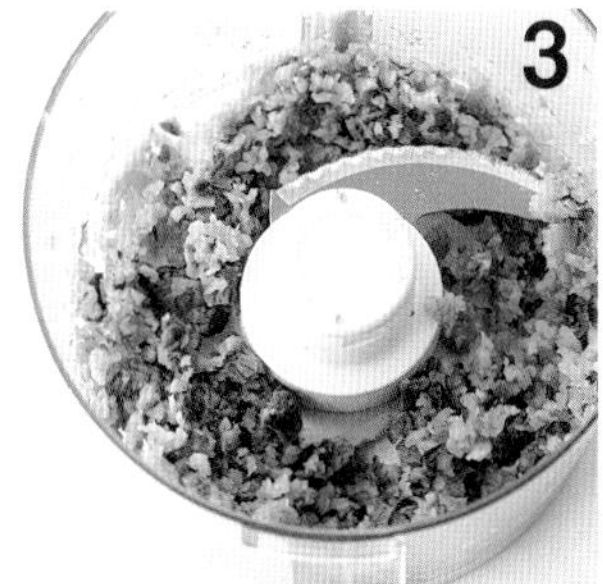

たくあんのみじん切りはドレッシングやたれに利用してもおいしい。

ポイント

ツナは火にかけ混ぜているうちにぽろぽろになってくる。

油揚げはじっくり焼くことで余分な油が出やすくなる。

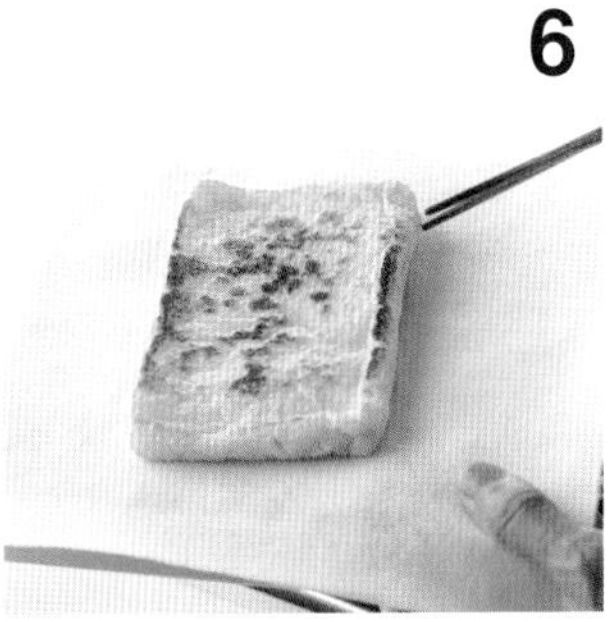

まな板にペーパータオルを敷き、上にのせて油を吸わせる。

旬の食材を楽しむ

季節のおすし

冬

日本の四季は美しい風景とともに、
その季節ならではの味を運んでくれます。
年末年始に家族でわいわいいただきたい
魚介の手巻きずし、春の豪華な花見ずし、
夏は夏ばて防止の梅干しずし、
風が冷たく感じはじめた秋には
煮た野菜をいっぱい混ぜたおすしでほっこりと…。
お楽しみください。

トッピングで味の変化を楽しむ！

手巻きずし

中トロ、イクラ、たらこ、さいまきえびといった豪華な魚陣に加え、ほっとする厚焼き卵、食感のいいきゅうり、味のアクセントになる大葉、わさび、ごま、山椒の実、しょうがの酢漬けなどなど、あれこれと組合せを悩むのも楽しい手巻きずし。もう、止まりません。

小皿を利用してそれぞれの具をのせる松田流手巻きずしのアイディア。
具がなくなったり、補充したりするのに小皿を交換しながら使えるので便利。
またふたつきの盤台は写真のようにふたを盤台の上に
ずらしてのせる使い方ができるので、食卓が広く使えておすすめ。

わが家の手巻きずしは、小皿に盛りつけるスタイル。配置を考えるのも楽しく、見た目も華やかで場が盛り上がります

手巻きずしに欠かせない具の一つが、きゅうりです。食感のよさ、水気のあるさっぱりとした味が魚介とよく合います。ハレの日のおすしらしく、さいまきえびは串打ちをしてまっすぐに仕上げたものを用意しましょう。

材料（作りやすい分量）
すし飯（基本）　米2カップ分（10～11ページ）
中トロ　200g
イクラ（塩漬け）　1/2カップ
たらこ　2腹
ゆでさいまきえび　8尾（87ページ）
卵焼き　1本（81ページ）
もろきゅう（ミニきゅうり）　4本
大葉　20枚
生わさび　1本（61ページ）
焼きのり　適量
白ごま、山椒の実のしょうゆ漬け、しょうがの酢漬け（お好みのもの）（12～13ページ）　各適量

具と一緒に白ごま、山椒の実、大葉、しょうがの酢漬け、わさびなども合わせると味に変化が出て飽きない。

作り方

1　中トロは1.5㎝幅の棒状に切る。たらこは薄皮を取り除く。えびは頭と胴体の殻をむき、頭の先、足を切り落とす。卵焼きは1㎝幅の棒状に切る。もろきゅうはへたを切り落とし、縦に食べやすい厚さに切る。

2　小皿にすべての具を盛りつけ、盤台にすし飯を入れ、小ぶりの飯べらを用意する。

3　のりは四つ切りにする。のりの表を下にして少量のすし飯を薄く広げ、すりおろしたわさびと好みの具をのせて巻く。

ポイント

様々な形状の小皿を使うと、
ぐっと楽しい演出に。
できれば白い小皿に統一すると
具の色が映える。

おすしと生わさび

しょうがの酢漬けとともに、おすしの名脇役的存在がわさびです。つんとする辛み成分は特に魚のおすしに欠かせないもので、中でも生わさびをすりおろしたものは風味が格別。手巻きずしにはぜひ！

選び方
色が鮮やかで、緑色の部分が多く、いぼいぼの突起は小さいほうがいいといわれています。

使い方
頭を切り落とし、突起をこそげ取る。できればさめ肌のわさびおろし器で頭のほうから円を描くようにおろして、辛みを立てます。

この時期に一度は食べたい

かにずし

山陰地方や北陸地方で多くとれるのがずわいがに。水揚げされる場所によって越前がに、松葉がになどと呼ばれます。年末から2月頃にかけて味がのってくるので、たっぷり使って味わいたいものです。

立冬の頃がかに解禁日。季節を告げる味です。かにの種類はお好みですが、うまみが凝縮したずわいがになどがおすすめです

かにの身をほぐしたら、しょうが汁やレモンをかけて臭みをおさえます。かに缶で作るときは、平ざるに広げ熱湯をゆっくりかけて臭みを取ります。

材料（4人前）

すし飯（しょうが）米2カップ分 （10～11ページ）

ゆでがにの身　200g

A
- しょうが汁　大さじ1
- 魚醤　大さじ1
- レモン汁　大さじ2

生きくらげ　1/3カップ

B
- 酒　大さじ3
- 塩　小さじ1/4

酢ばす　約5～6枚 （87ページ）

作り方

1　かには軟骨を取り除き、約2cm長さにほぐし、広げたペーパータオルに挟んで水気を押さえる。ボウルに移し、Aをかけて混ぜ合わせてから、再度ペーパータオルに広げて水気を押さえる。

2　きくらげはせん切りにして小鍋にBと合わせ、弱火で水分が飛ぶまで煎る。平ざるに広げて水気をきる。酢ばすは1cm角に切る。

3　すし飯にきくらげ、酢ばすを混ぜ、器に盛る。上に1をのせる。

1

右から1cm角に切った酢ばす、ほぐしたかにの身、せん切りのきくらげ。

ポイント 2

しょうが汁、レモン汁、魚醤でかにの臭みを取る。

3

きくらげは煎って、食感をよくする。

4

すし飯に具を切るように混ぜる。

5

すし飯が見えないくらいかにを盛るのがポイント。

ごま油で風味よく

焼き野菜ずし

野菜だけでも充分おいしくいただけるのは、焼いたものだからこそ。ごま油としょうゆの風味、香ばしさ、食感などがすし飯と絶妙な組合せで、お酒の後にもいいですよ。

焼いた野菜ならではの香ばしさ、凝縮されたうまみが楽しめます。焼いてのせるだけ！　簡単です

底がセラミック加工になった焼き網は、遠赤外線効果でおいしく焼けます。火加減は弱めの中火で、じっくりと焼くのがこつです。

材料（16個分）
すし飯（基本）　米1カップ分（10〜11ページ）
生しいたけ（どんこ）　8枚
蓮根（直径5〜6㎝、5㎜厚さの輪切り、皮つき）　8枚
白ごま　適量
ごま油　大さじ2
岩塩　適量
しょうゆ、ゆずこしょう、すだち　各適量

作り方
1　しいたけは軸を切り、汚れを落とす。しいたけと蓮根に軽く岩塩をふって、ごま油をまぶしてから弱めの中火で焼き網にのせてあぶる。途中ひっくり返し、蓮根にはしょうゆをはけでぬる。
2　すし飯に白ごまを混ぜ、16等分にして握る。1の蓮根は半分に切ってから、しいたけはそのまますし飯にのせ、蓮根にはゆずこしょうをのせ、しいたけには岩塩をふる。好みですだちをしぼっていただく。

1

しいたけは肉厚のどんこを。蓮根は皮つきのままで。

ポイント

3

焼いてのせるだけの手軽さもうれしい。

2

遠火のじか火でじっくり焼いて。蓮根にはしょうゆを。

遊び心いっぱいの盛りつけで

花見ずし

お花見は古来、日本人が楽しみにしている春の行事です。その起源は奈良時代にさかのぼるともいわれています。桜の花をめでながらおいしいお酒とともにいただく花見ずしは、今も昔もこの時期のお楽しみ！　外でいただくなら重箱やお弁当箱に詰めて、屋内なら皿盛りにしてもまた違った雰囲気に。

春

扇面にかたどったすし飯に、大小の色紙卵を散らします。大根の酢漬けの花びらと漆の2段重に入れて、華やかな春のうたげの演出です

色紙卵（80ページ）は大小にすることで、散らしたときに立体感が出ます。桜の花びらは梅酢に漬けた大根を和菓子用の小さな型で抜いて。すし飯には菜の花、白魚といった春らしい具を入れました。

材料（作りやすい分量）
- すし飯（基本）　米2カップ分（10～11ページ）
- 菜の花　1束（塩　少々）
- 大根（3㎜厚さの輪切り）　3枚
- しょうがの梅酢漬けの漬け汁　$\frac{1}{4}$カップ（12～13ページ）
- 高野豆腐のうま煮　$\frac{1}{2}$カップ（84ページ）
- 鯛のでんぶ風　$\frac{1}{2}$カップ（89ページ）
- 白魚　$\frac{1}{2}$カップ
- A［酒　大さじ3
- 　［塩　小さじ$\frac{1}{2}$
- 薄焼き卵　6枚（80ページ）
- 木の芽　適量

1

上段右の3つは鯛のでんぶ風、木の芽、高野豆腐のうま煮、左は大小に切った色紙卵。下段は右からしょうがの梅酢漬けの漬け汁と大根、白魚、菜の花。

2
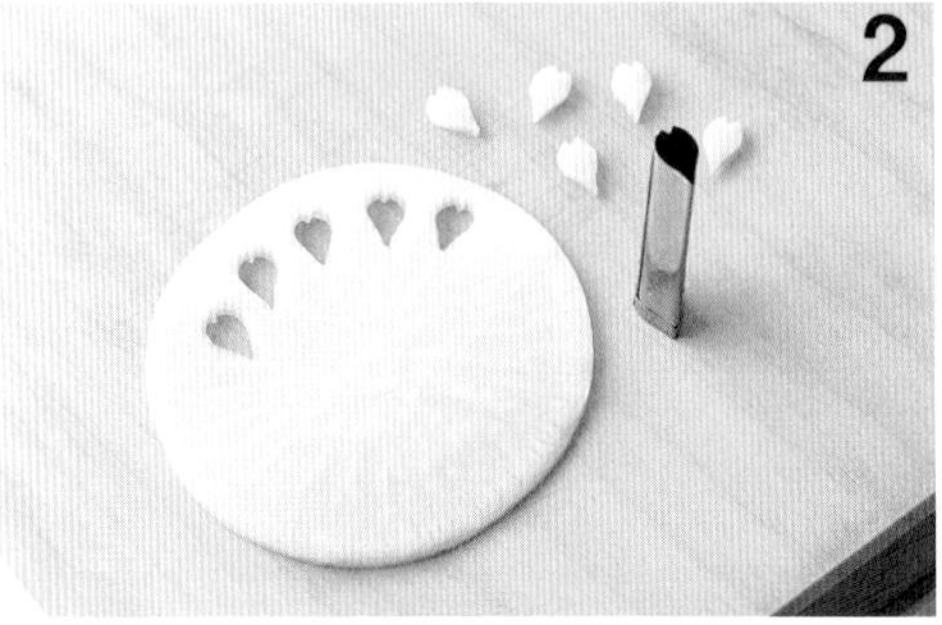
桜の花びらの形や大きさはお好みで。

3

梅酢漬けの漬け汁に花びらの大根を漬けると、ほんのり桜色に。

4

すし飯に高野豆腐とでんぶを混ぜる。

5

次に塩ゆでした菜の花を混ぜる。

作り方

1　菜の花はかためにに塩ゆでし、水をよく絞って、花先2cmを切って使う。

2　大根は和菓子用の小さな桜の花びらの型で抜き、しょうがの梅酢漬けの漬け汁に入れて一晩おく。ペーパータオルで水気を押さえる。

3　小鍋に水1/2カップとAを合わせて煮立て、白魚を入れさっとゆで、平ざるに上げ水気をきる。

4　薄焼き卵は4枚を1.5cm角に、2枚を1cm角に切り色紙卵を作る。

5　すし飯に高野豆腐、でんぶ、菜の花を混ぜる。すし飯を扇面の型などに詰め、軽めに抜き、器に盛り、大小の色紙卵を散らし、白魚と木の芽、大根の花びらをあしらう。

6

すし飯は扇面のご飯用の型抜きで抜く。

7

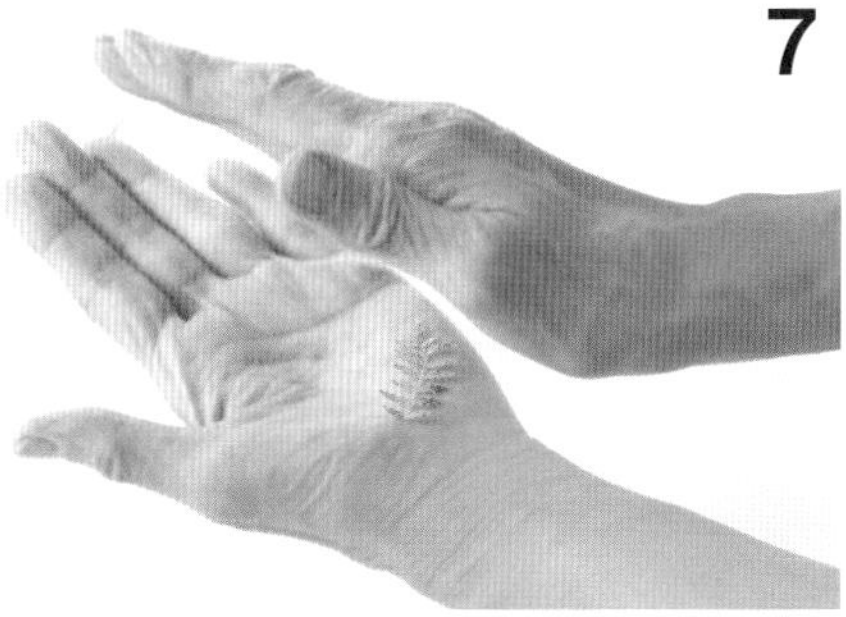

木の芽はてのひらに挟んでたたいて香りを立たせる。

ポイント

すし飯の上に、大小の色紙卵、白魚、大根の花びら、木の芽を立体的に飾る。

余ったときの始末料理→92ページ

やさしいぴり辛

かりかりじゃこのおすし

ちりめん山椒の山椒をししとうに替えて作るイメージで、じゃことせん切りのししとうをいためます。塩を強めにすればふりかけとしてもおいしくいただけ、その場合はペーパータオルで油を吸わせてから、瓶に入れ、冷蔵庫で保存してください。

ちりめんじゃこを使い手軽に作る家庭的なおすしです。お弁当にもおすすめです

ちりめんじゃこを油で煎ることで、香ばしさが出て、じゃこ特有の臭みもおさえられます。ししとうもせん切りにすることで食べやすく、色もきれい。かりかりのじゃこにねっとりとした黄身酢の食感がアクセントになっています。

材料（4人前）
すし飯（柑橘）米1カップ分（10～11ページ）
ちりめんじゃこ（小さめ）1/2カップ
ししとう　10本
黄身酢　大さじ3～4（81ページ）
オリーブ油　1/4カップ
塩　少々

作り方
1　ししとうはへたを切り、縦半分に切ってわたと種を除き、横にせん切りにする。
2　ちりめんじゃことオリーブ油をフライパンに合わせ混ぜる。中火で煎りながらきつね色になったところでししとうと塩を加え、火を止めてさっといため、ペーパータオルに広げて油をきる。
3　すし飯に2を切るように混ぜる。器に盛り、黄身酢を散らす。

ちりめんじゃこは口当りのいい小さいものを選んで。黄身酢は作りおきしておくといろいろ便利。

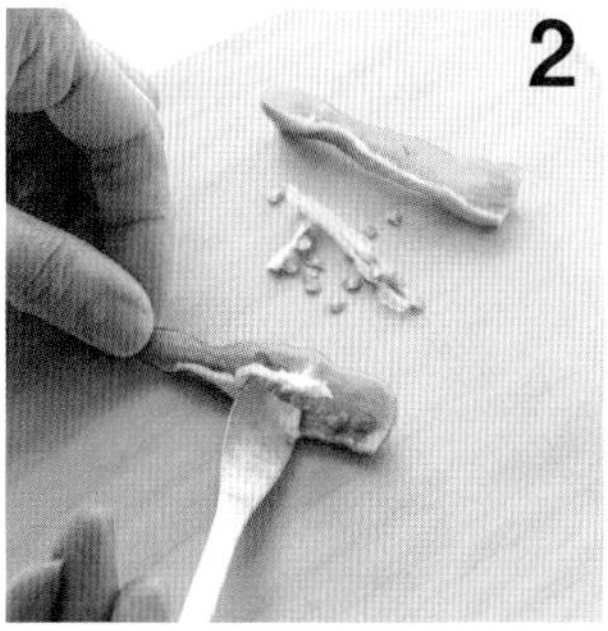

ししとうの種は先の細いスプーンでわたも一緒に取る。

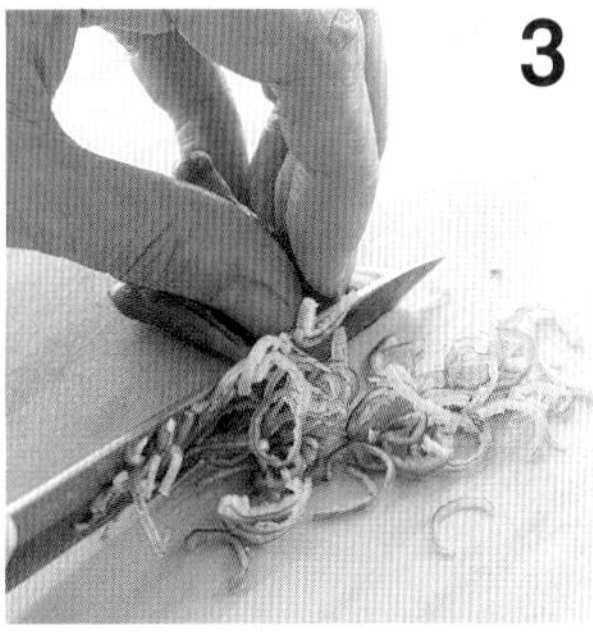

種を取ったししとうを重ねてせん切りにする。

ポイント

ちりめんじゃことオリーブ油を混ぜ合わせてから、火にかける。

ししとうと塩を加えたら火を止めていためる。

ちりめんじゃこがかりかりになるまでいためて、余分な油を吸わせる。

すし飯に混ぜる。

かためにに仕上げた黄身酢を最後にのせる。

きゅうりのせん切りがしゃきしゃき

あじの丼ずし

夏の魚の代表格、あじのおさしみどんぶり。あじの脂が甘さを控えたすし飯によく合います。おいしさのポイントは2つ。しゃきしゃきの生のきゅうりのせん切りの食感と、酢やしょうゆと合わせた豆板醤のたれです。

夏

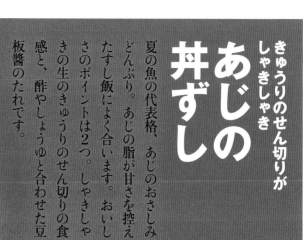

鮮度がよく、脂がのった旬のあじで作りましょう。食感のいいきゅうりとのバランスがよく、箸が止まりません

あじは斜め切りではなく、断面を広く薄く切るそぎ切りにすると、魚本来の食感や味が引き出せ、たれも絡みやすくなります。きゅうりのせん切りは両端に皮を残して切り、冷蔵庫で余分な水分を飛ばすのがこつです。

材料（2人前）

すし飯（基本のすし酢の米酢と塩を各半量にして、三温糖は大さじ1/4にする） 米1カップ分（10〜11ページ）

あじ（さしみ用、中） 1尾

ふわふわ大葉 約10枚分（86ページ）

きゅうり（せん切り） 2本分（85〜86ページ）

A
- しょうゆ 大さじ3
- 酢 大さじ2
- しょうが（みじん切り） 大さじ1
- 豆板醤 小さじ1

作り方

1 Aを混ぜ合わせて30分以上おいて、味をなじませる。

2 あじは三枚におろし、腹骨をそぎ、皮を引いて中骨を除き、薄く塩（分量外）をしてラップフィルムをかけて冷蔵庫に約30分おく。一口大のそぎ切りにする。

3 器にすし飯を盛り、大葉ときゅうりを空気を含ませるように混ぜて、のせる。あじを上にあしらい、1のたれをかける。

上段右はきゅうりのせん切りとふわふわ大葉、左は三枚におろしたあじ。下段4つはたれの材料。右からしょうゆ、酢、しょうが、豆板醤。

切れる包丁で。刃を入れて手前に引いて切る。

ポイント

きゅうりと大葉は空気を含ませるように混ぜ合わせて。

たれは作りおきできるので、冷ややっこや焼き肉にもぴったり。

身近にある材料で

梅干しずし

特別な材料をそろえなくても組合せ次第で、様々な味のバリエーションが生まれます。これも始末料理の醍醐味。このおすしも油揚げを煎って入れることで、香ばしさと大豆のうまみが引き出され、食べごたえのある味になります。

梅干しの酸味、みょうがの香りでさっぱりいただける、夏ばて防止のおすしです

梅干しは甘みがないすっきりとした酸味の塩のみで漬けたものを使ってください。油揚げはなるべく細かくして、大きめのフライパンでかりかりになるまで煎ります。笹打ちのきゅうりの食感もアクセントです。

材料（4人前）
すし飯（基本）　米2カップ分（10～11ページ）
梅干し（果肉）　大さじ4
油揚げ　1枚
みょうが　4本
きゅうり（笹打ち）　2本分（85ページ）
白ごま　大さじ4

作り方
1　梅干しは包丁でたたく。みょうがは縦半分に切って小口切りにして、水にさらしてから絞る。
2　油揚げはフードプロセッサーで細かくして、フライパンに広げ、弱めの中火でぱらぱら、かりかりになるまで煎り、ペーパータオルに広げる。
3　すし飯に白ごま、梅干し、きゅうり、みょうがを混ぜる。
4　器に盛り、2を散らし、混ぜていただく。

1

右上はフードプロセッサーで細かくした油揚げ。

ポイント
3

煎った油揚げをふりかけて。

2

白ごま、梅干し、きゅうり、みょうがを混ぜる。

私が作り続けている味です！

鮭の親子ずし

鮭フレークとイクラで簡単に作れる豪華なおすしです。鮭は少ししょっぱいくらいのほうが、すし飯に混ぜたときに味がぼやけず決まります。すし飯には鮭のほか、白ごま、大葉などの香りの立つもの、きゅうりの笹打ちやきくらげといった食感のいいものを混ぜてバランスよく。

秋

豪華に見えますが、鮭フレークやイクラを使って手軽に作れます

できれば2〜3時間おいていただくほうが、味がなじみます。その際、大葉だけはいただく直前にのせてください。イクラなど魚卵の盛りつけに金属のスプーンや箸を使うと臭いが移るので、象牙や貝などでできているものを使います。

材料（4人前）
すし飯（基本）　米2カップ分（10〜11ページ）
鮭フレーク　150g（約2/3カップ）
きゅうり（笹打ち）　2本分（85ページ）
生きくらげ（せん切り）　1/2カップ（塩　少々）
イクラ（塩漬け）　1/3カップ
ふわふわ大葉　約20枚分（86ページ）
白ごま　大さじ2

作り方
1　鮭はペーパータオルに広げ、余分な脂をきる。
2　きくらげはさっと塩ゆでする。
3　すし飯に白ごまを混ぜる。鮭、きゅうり、きくらげも混ぜる。
4　3を盤台や器に盛り、大葉とイクラをあしらう。

1

鮭フレークとイクラに合わせるのは、香りのいいふわふわ大葉、食感のいいきゅうりの笹打ちときくらげ。

ポイント

2

香りと食感のいい白ごまも混ぜて。

3

切るように混ぜる。

4

鮭フレークはそのままだと脂っぽいので、必ず脂をきってから混ぜる。

5

きゅうりときくらげをすし飯に混ぜる。おすしに大切な味、食感、色のバランスがいい。

6

ふわふわ大葉は箸でつまんですし飯にのせたら、つぶれないように箸を上にまっすぐ抜く。

7

キャビア、イクラなどの魚卵は金属の臭いを吸収しやすいので、象牙や貝のスプーンで扱う。

具の作りおきでささっと

煮物ずし

これも家にあるもので作れる始末料理です。時間があるときに野菜の煮物やいため物を作りおきしておけば（82～85ページ）、いざというときにすぐ作れて便利です。余った時間でもう一品、汁物を作って加えれば献立も充実します。

作りおきの野菜の煮物やいため物があれば、ささっと作れるので時間がないときなどにも役立ちます

もっと簡単に作るなら薄焼き卵で包まずに、いり卵をすし飯に混ぜてもいいでしょう。また少し豪華にするなら煮あなご（87ページ）の刻んだものを混ぜると、味に奥行きが出ます。酢ばす、三つ葉以外の材料は作りおきができるものばかりです。

材料（4個分）

すし飯（基本）　米1カップ分（10～11ページ）

A
- 煎りごぼう　1/3カップ（84ページ）
- 高野豆腐のうま煮　1/2カップ（84ページ）
- 酢ばす　約8枚（87ページ）
- 干ししいたけの含め煮　1/4カップ（83ページ）
- 酒煎りにんじん　1/3カップ（84ページ）

薄焼き卵（直径20㎝、3～5㎜厚さ）4枚（80ページ）

ゆで三つ葉　12本

作り方

1　酢ばすは小さいいちょう切りにする。

2　すし飯にAを混ぜ、4等分にして軽く俵形に握る。

3　まな板に薄焼き卵を広げ、すし飯を置き、ふろしき包みにする。三つ葉3本を束にして帯のように巻いて結ぶ。

ポイント

1

材料。右列上から高野豆腐のうま煮、酢ばす、左列上から干ししいたけの含め煮、煎りごぼう、酒煎りにんじん。左上は薄焼き卵、下はゆで三つ葉。

2

まず煎りごぼう、高野豆腐、しいたけを混ぜる。

3

酒煎りにんじん、酢ばすも加えて混ぜる。

4

すし飯をあらかじめ4等分にして丸めておくと包みやすい。

5

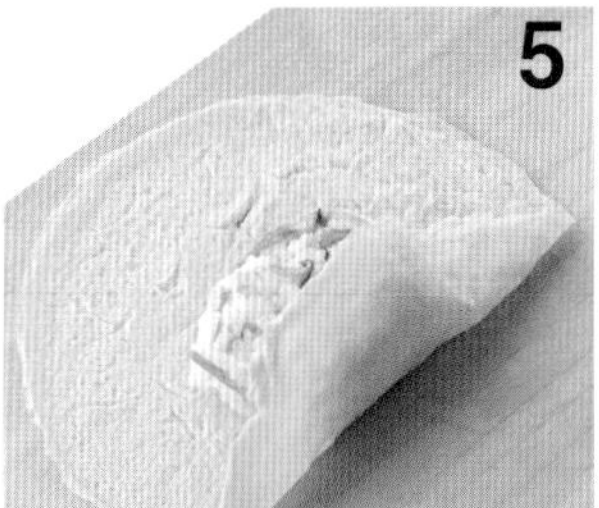

薄焼き卵にすし飯をのせ、手前から包む。

6

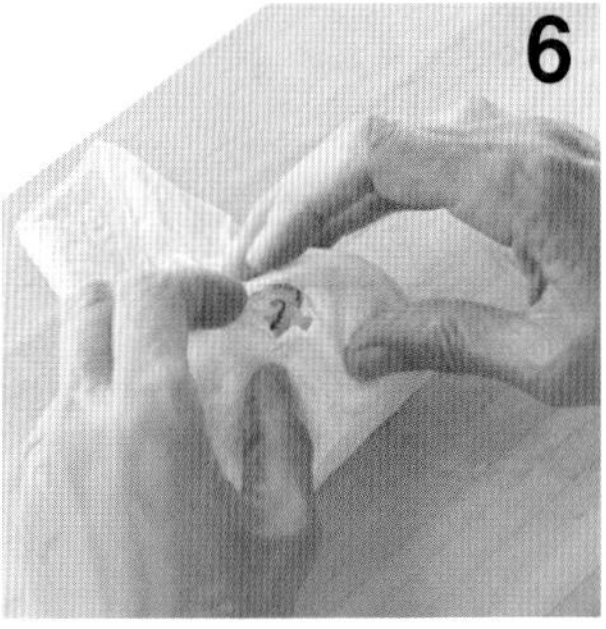

左右を包んだら、手前から奥にくるむようにして、端が長かったら内側に折り込む。

7

全部くるんだら合わせた面を下に。

余ったときの始末料理→92ページ

覚えておきたい 定番のおすしの具

ここでは幅広いおすしに使える定番の具の作り方をご紹介します。
冷凍できるものも多いので、作りおきしておくことをおすすめします。

卵編

卵は余熱料理といわれます。フライパンや卵焼き器の余熱を利用して、火を通しすぎないようにするのがこつです。

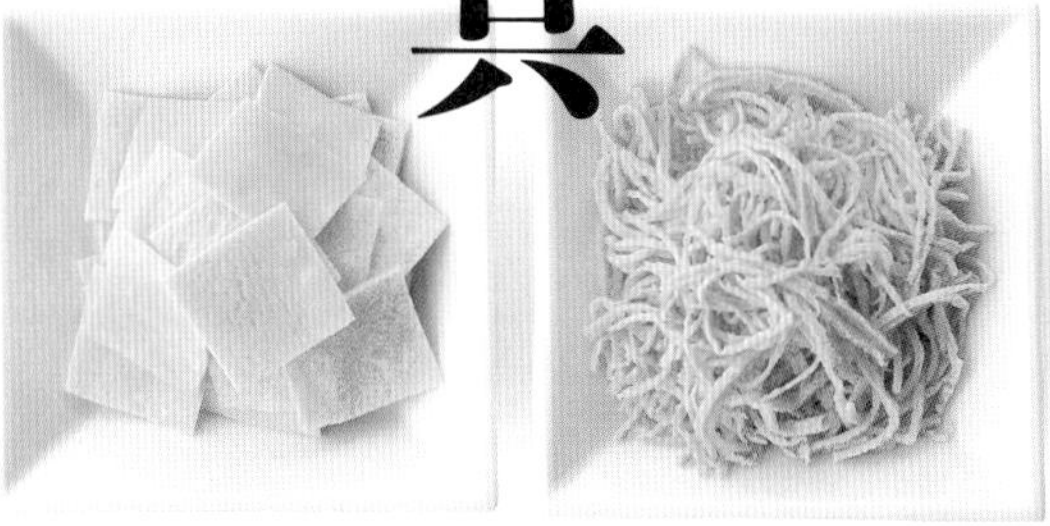

色紙卵　錦糸卵

【薄焼き卵】【錦糸卵】【色紙卵】

薄焼き卵をせん切りにする錦糸卵、四角に切る色紙卵。

材料（18×20㎝、薄焼き卵約10枚分）
卵　4個
卵黄　2個分
酒　大さじ3
薄力粉　小さじ1
塩　小さじ1/2
サラダ油　適量

薄焼き卵

作り方
酒と薄力粉、塩を混ぜ、卵と卵黄を合わせて混ぜる。こし器でこす。ペーパータオルを三角に折り、小ぶりの耐熱容器に入れる。卵焼き器に油を入れて熱し、ペーパータオルにかけて油を吸わせ、油ひきを作る。

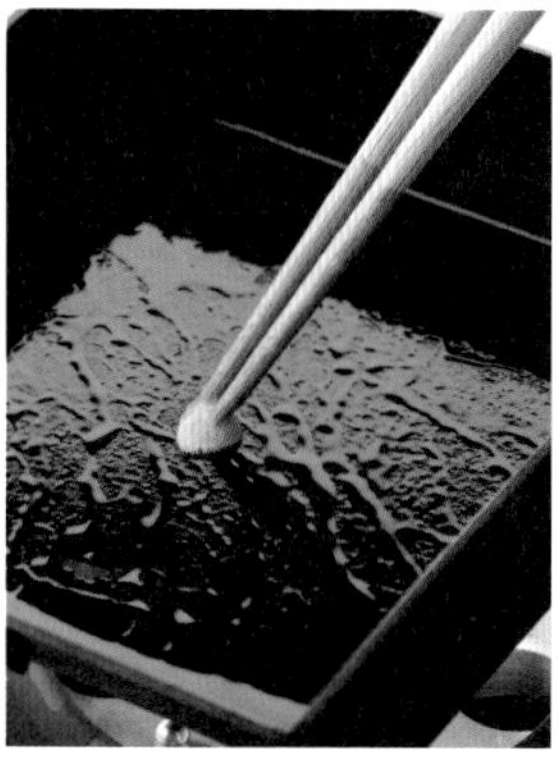

卵焼き器を中火で熱し、菜箸で油ひきを動かして油をひき、卵液をつけた箸先を卵焼き器につけて温度を確かめる。シュッというやさしい音で卵液が固まったら適温、ジュッという音なら温度が高すぎる。

卵液1/2カップを全体に流し入れる。大きな気泡ができたら裏返すタイミング。

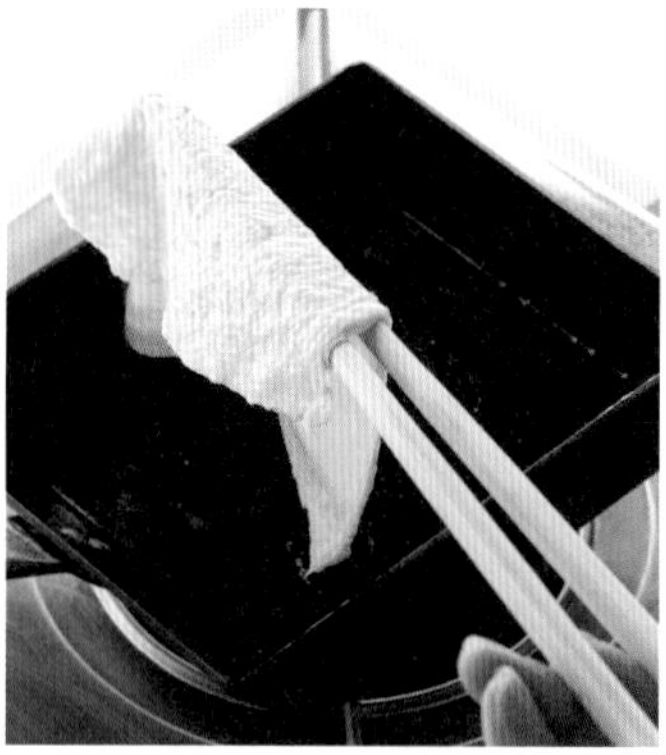

すぐに菜箸を卵と卵焼き器の間に入れ裏返し、火を止め余熱で固める。木のまな板に返す。同様に10枚焼く。

★冷凍保存可。一枚一枚の間にラップフィルムを挟んで、全体をきっちり包んで密閉袋に入れる。

錦糸卵

作り方
薄焼き卵を2～3枚重ねて4cm幅に切る。

さらに端からせん切りにする。

色紙卵

作り方
錦糸卵と同様に、薄焼き卵を2～3枚重ねて2.5cm幅に切り、さらに2.5cm角に切る（写真右ページ上左）。用途に応じた大きさに。

【黄身酢】

火の通し方でかたさが変わるので、おすしによって使い分ける。

材料（作りやすい分量）
卵黄　5個分
みりん　大さじ2
塩　小さじ1/4
米酢　大さじ4

作り方
小鍋に材料を合わせ、ごく弱火にして菜箸6本でかき混ぜる。

火を通しすぎないようにねっとりしたいり卵状になるまで混ぜる。バットなどに広げ、冷ます。
★冷凍保存可。ラップフィルムに平らにして包み、密閉袋に入れる。

【卵焼き】

えびやぐじのすり身の代りにはんぺんをつなぎにして。

材料（2本分）
卵　5個
卵黄　1個分
はんぺん　1/2枚
だし　1/4カップ
酒　大さじ2
三温糖　大さじ4
塩　小さじ1/2
サラダ油　適量

材料。左上はペーパータオルを三角に折った油ひき。熱した油を吸わせて使う。

作り方

すり鉢にはんぺんと、だし、酒、三温糖、塩を合わせ、すりつぶす。

卵と卵黄を加え、白身が残る程度に菜箸で混ぜる。

卵焼き器を中火で熱し、ペーパータオルの油ひきで隅まで油をひく。

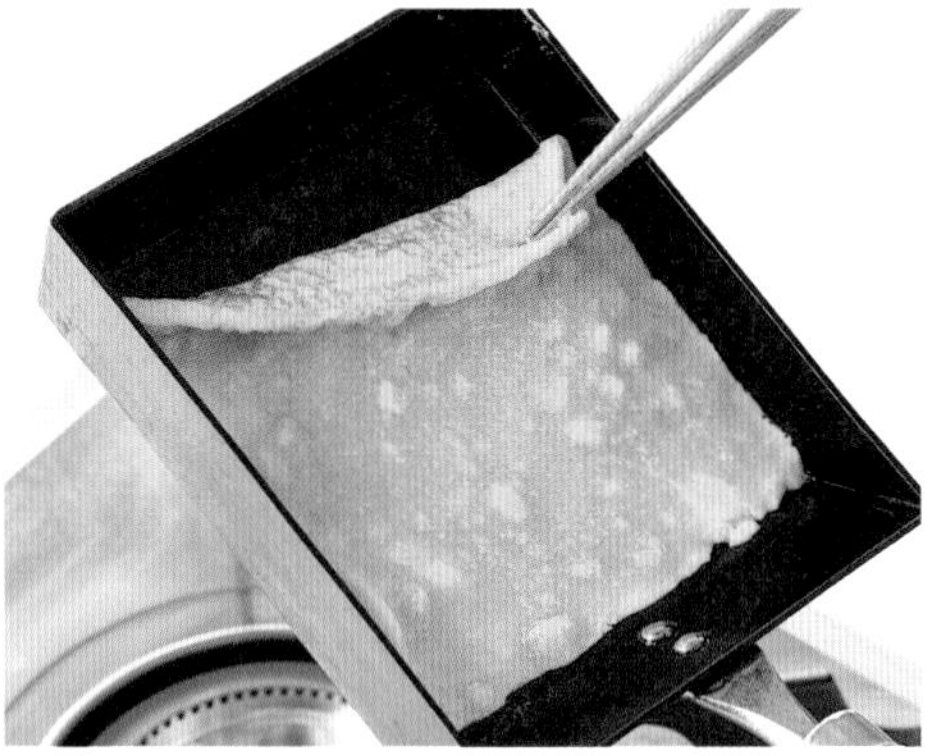

薄焼き卵と同様に、箸先につけた卵液で温度を確かめてから、卵液の1/4量を流し、表面に気泡ができたら、向う側から手前に巻く。

あいたスペースに油ひきで油をひく。

卵を向う側に移動する。

同様に1/4量の卵液を流し、卵焼きの下にも流し込む。

向う側から手前に巻き、箸で押さえて形を整える。まな板に返し、熱いうちにラップフィルムで巻いて（両端は閉じない）手で形を整えてから冷ます（写真81ページ下右）。同様にもう1本焼く。

★冷凍保存可。ラップフィルムで全体をきっちり包み、密閉袋に入れる。

野菜・乾物編

昔ながらのおすしの具には甘辛く濃い味つけのものが多いですが、ここでは作りやすく食べやすく、現代風にアレンジした松田流レシピのご紹介です。

【干ししいたけの含め煮】

干ししいたけを水でもどさず調理するのがポイント。

材料（作りやすい分量）

干ししいたけ（どんこ、中）　5枚

A
- 梅干し（中）　1個
- 酒　$\frac{1}{2}$カップ
- みりん　大さじ2

B
- ざらめ糖　大さじ$1\frac{1}{2}$
- しょうゆ　大さじ2

作り方

干ししいたけはさっと水にくぐらせ、15〜20分おき、包丁が入るくらいにやわらかくなったら、軸を除き、5㎜厚さに切る。2〜3枚重ねてせん切りにする。

鍋に水$1\frac{1}{2}$カップとA、軸を入れ煮立て、しいたけを加え、煮汁が半量になるくらいまで弱火で20分煮る。Bを加え煮汁がなくなるまで煮て、ざるに広げる。

★冷凍保存可。空気を抜きながら密閉袋に入れる。

【かんぴょう煮】

水を替えながらよく洗って臭みを取ること。

材料（作りやすい分量）

かんぴょう　30g
酒　1カップ
みりん　$\frac{1}{2}$カップ
三温糖　大さじ2
しょうゆ　大さじ4
塩　大さじ1

作り方

かんぴょうは20㎝に切り一晩水につけ、よく洗う。塩をよくもみ込み5分おく。水洗いしながらもみ、2〜3回水を替える。

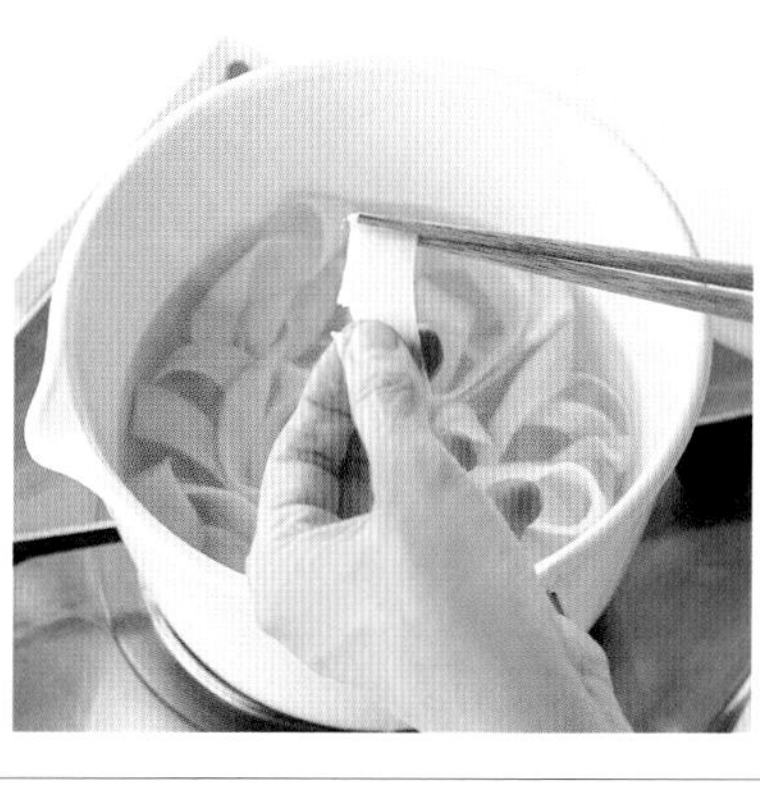

たっぷりの湯を沸かし20分下ゆでする。透き通ってきて爪先で切れればよい。

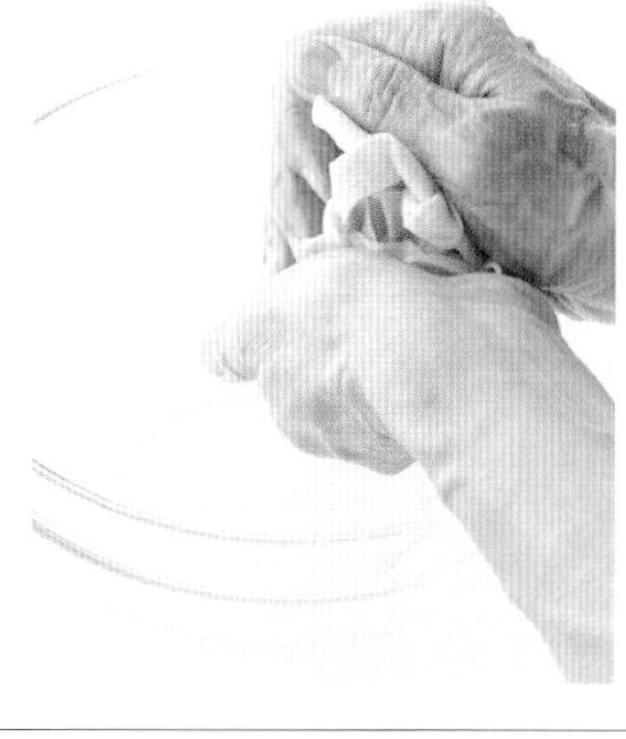

湯を捨て、水洗いしながら冷まして絞る。1㎝幅に切り、丁寧に絞り、絞った汁はとりおく。鍋に絞った汁を入れ、水を足して$\frac{1}{2}$カップにする。酒、みりんを加え少し煮

つめ、三温糖とかんぴょうを加え、弱火で5分煮る。しょうゆを加え、菜箸で混ぜながら煮汁がなくなるまで煮る。ざるに広げ冷ます。

★冷凍保存可。密閉袋に入れる。

【酒煎りにんじん】

歯ごたえが残るよう火を通しすぎずにいためる。

材料（作りやすい分量）

にんじん　1/2本

A
- 水　1/3カップ
- 酒　大さじ2
- 塩　小さじ1/2

作り方

にんじんは2cm長さに切り、短冊切りにする。数枚をずらして重ね、繊維にそってせん切りにする。

鍋にAを煮立てにんじんを加えてさっと煎り、ざるに広げ水気をきる。

★冷凍保存可。密閉袋に入れる。

【煎りごぼう】

風味が残るように皮はむかずにささがきに。

材料（作りやすい分量）

ごぼう　30cm

酒　1/3カップ

みりん　大さじ2

しょうゆ　大さじ2

作り方

ごぼうはよく洗い、皮ごとささがきにする。

鍋に水1/2カップ、酒、みりんを入れ、ごぼうを加え中火にかける。菜箸で混ぜながら、煮汁が八分どおりなくなったらしょうゆを加え、さらに煎って、ざるに広げ水気をきる。

★冷凍保存可。密閉袋に入れる。

【高野豆腐のうま煮】

数回水を替えて洗うことで、独特な臭いを取る。

材料（作りやすい分量）
高野豆腐　3枚
A
だし　2カップ
みりん　大さじ2
三温糖　大さじ2
うす口しょうゆ　大さじ1

作り方
高野豆腐は水に5分つけ、てのひらに挟んでくずれないように水気を絞る。数回水を替えよく洗い、再度てのひらに挟んで水気を絞る。

約7㎜角に切る。鍋にAを煮立て、高野豆腐を入れ、弱火で落しぶたをして10分煮てそのまま冷ます。再度温め、うす口しょうゆを加え、火を止める。できれば一晩おく。使うときは軽く水気を絞る。
★冷凍保存可。密閉袋に入れる。

【きゅうり】

下ごしらえとして、きゅうりに軽く塩をして手でこすり、なり口のかたい皮を4㎝くらいむいてから、薄切り、笹打ち、せん切りにそれぞれ切る。

●薄切り

薄い塩水につけ余分な水分を出してぱりぱりに。

作り方
縦半分に切り、先の細いスプーンで内側がなめらかになるように種を取り除く。

半月の薄切りにする。

3％の塩水に30分浸し、布巾で絞り、ほぐす。

●笹打ち

少し厚めに切り歯ごたえを楽しむ。

作り方
縦半分に切り、薄切りと同様に種を取る。長さを半分に切り、5㎜厚さに切る。

5㎜幅の斜め切りにし、3%の塩水に40分つける。布巾で水気をぎゅっとかたく絞る。

●せん切り

両端に残る皮がアクセントに。

作り方
縦半分に切り、薄切りと同様に種を取る。3㎜幅の斜め薄切りにしてから、数枚を少しずらして重ね、縦にせん切りにする。ペーパータオルに包んで冷蔵庫に約30分入れ、余分な水分を飛ばす。

【ゆで絹さや】

筋は取らずにつけたままゆでる。

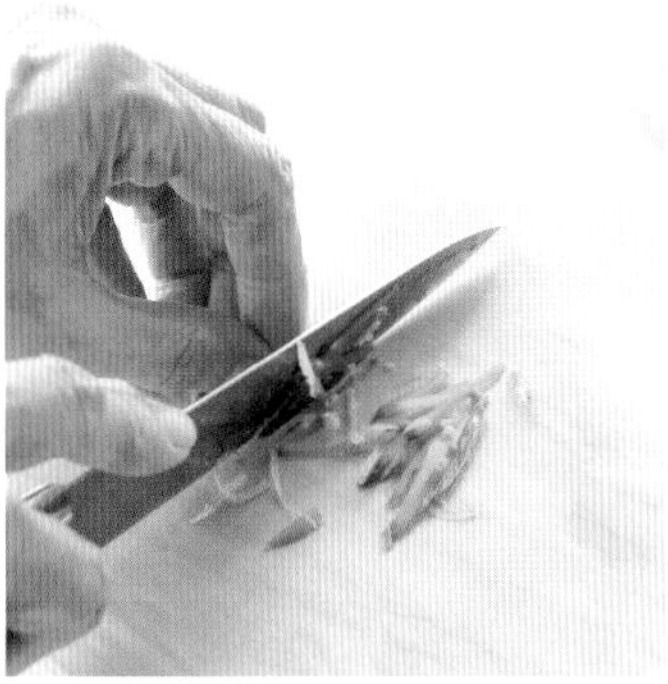

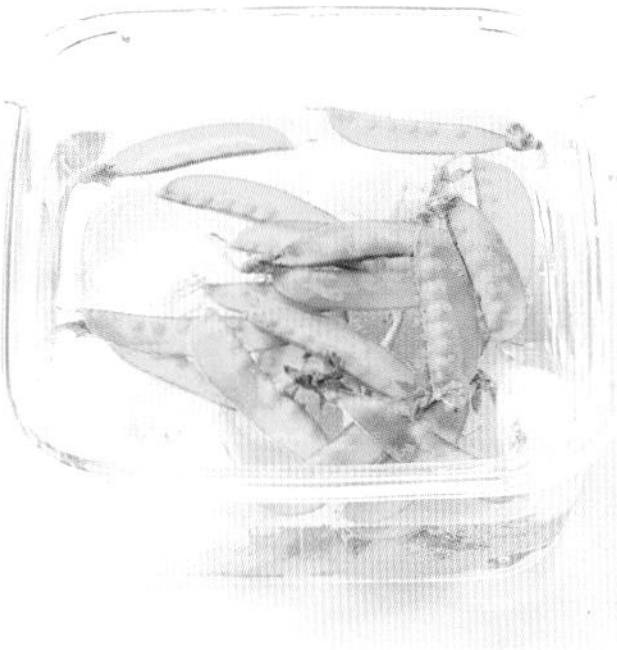

作り方
沸騰した湯に塩小さじ1を加え、絹さや20枚を入れ30秒ゆで、氷水にとり、色を止める。

天地を落とし、用途に応じた形に切る。写真上は斜め薄切り、右は斜めに半分に切った状態。

【ふわふわ大葉】

香りよく、空気を含んでふわふわ。

作り方
大葉約10枚を洗い、茎を切り落としてから縦半分に折り、しっかり

巻く。横にして端からせん切りにする。

水にさらしてからざるに広げて水をきり、ペーパータオルに包んでしっかり絞る。両手で空気を入れるようにちぎる。

【酢ばす】

食感が悪くなるので、ゆですぎに気をつける。

材料（作りやすい分量）
蓮根（中）　1節（200g）
米酢　大さじ2
A
- 米酢　1/2カップ
- 三温糖　大さじ2
- 塩　少々

作り方
蓮根は皮をむき、5㎜幅の輪切りにする。沸騰した湯に米酢を入れ、蓮根をさっとゆで、ざるに広げて冷ます。Aと水1/2カップをよく混ぜ、さっと火を通し、蓮根を半日つける（写真上）。

魚介編

ハレの日のおすしには見栄えがよく、味もいいさいまきえびがおすすめです。鯛のでんぶ風や煮あなごは何かと便利に使えるので、ぜひ作りおきを。

【煮あなご】

市販の焼きあなごをふっくらやわらかく煮て。

材料（作りやすい分量）
焼きあなご（市販品）　2尾
A
- 酒　1/2カップ
- 三温糖　大さじ1
- しょうゆ　大さじ1 1/2

作り方
あなごは頭を切り、長さを半分に切る。平鍋に水1 1/2カップ、Aを入れ、あなごの頭を加えて煮立てる。あなごの身を加え、中火で煮汁が半量になるまで煮て、しょうゆを加え煮汁がなくなるまで煮る。頭を取り除く。平ざるに広げ、水気をきる。
★冷凍保存可。ラップフィルムに包み密閉袋に入れる。

【ゆでさいまきえび】

肉厚のぷりっとした食感、うまみ、鮮やかな赤色などハレの日のおすしに華を添えるえび。使いみちに合わせた殻のむき方で。

材料（作りやすい分量）
さいまきえび（10㎝大）　8尾
A
- 酒　大さじ2
- 塩　少々

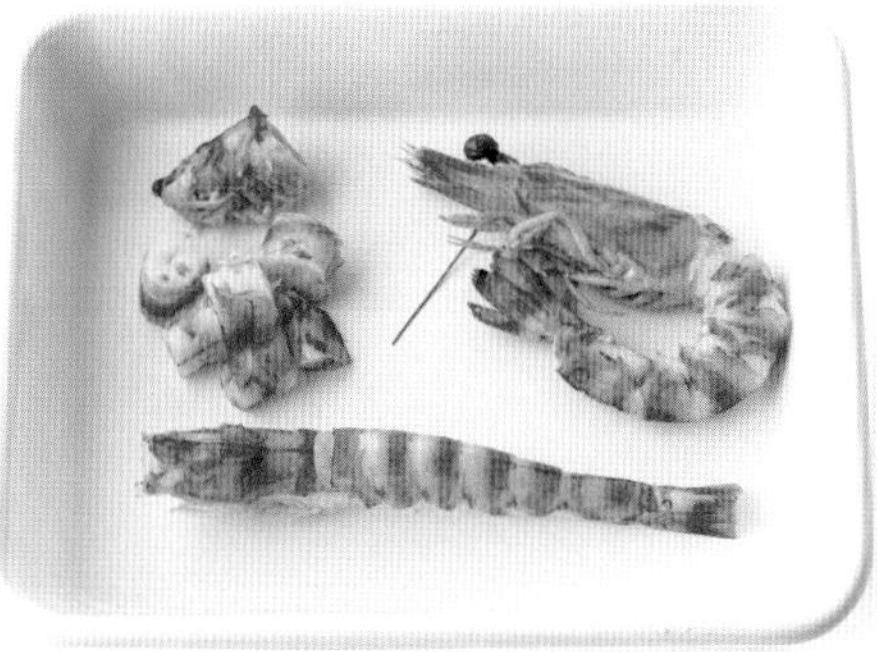

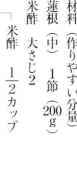

作り方

えびは頭の角、尾の角を切り、殻の節の間からようじの先で背わたを抜く。

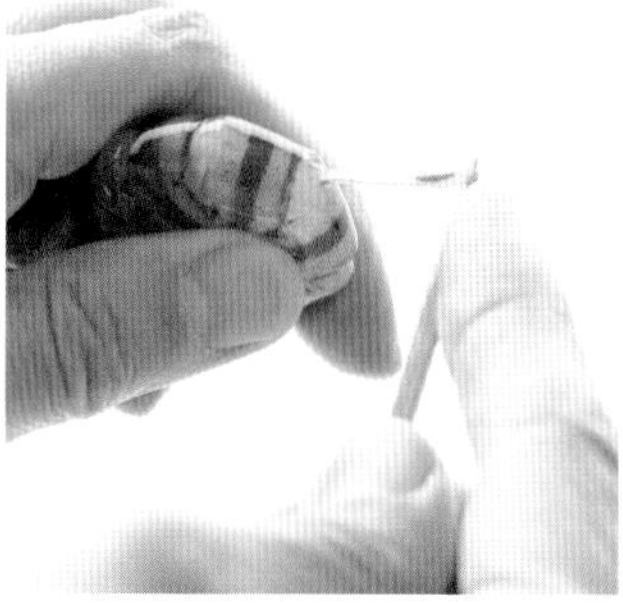

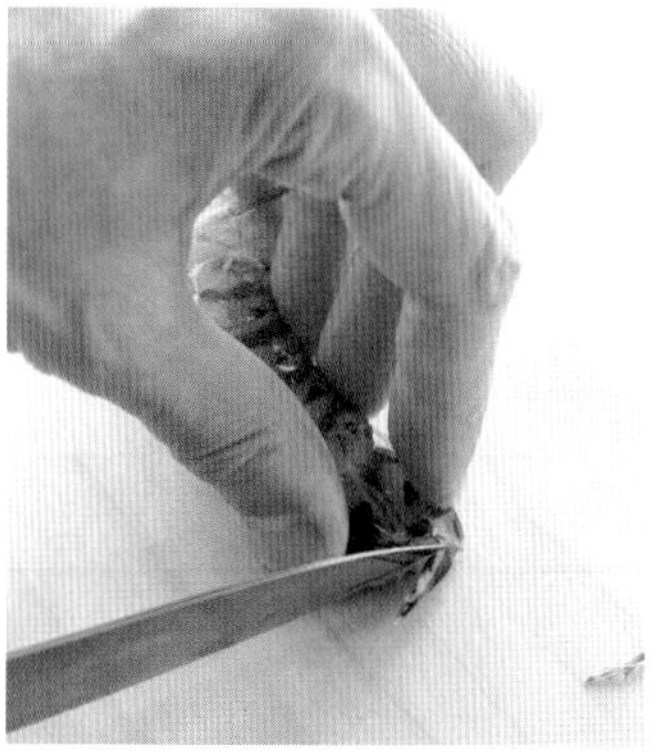

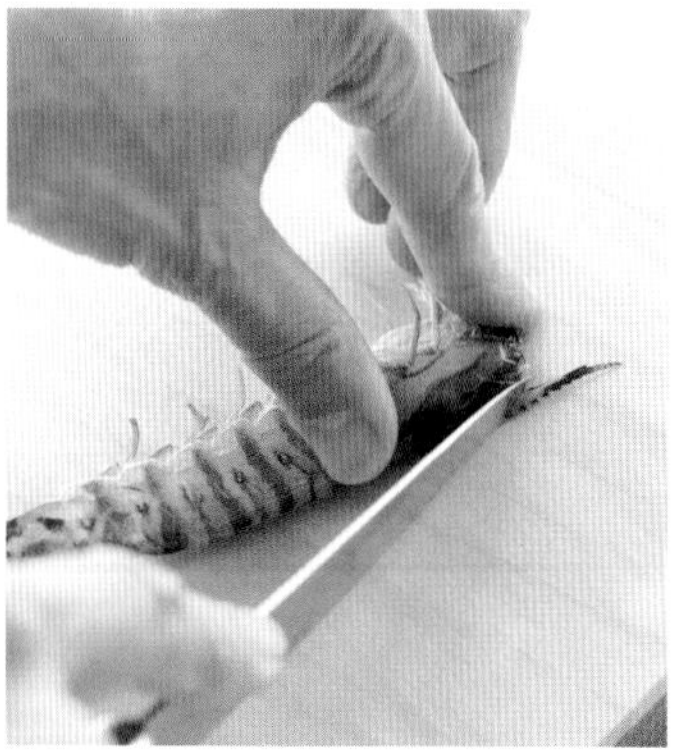

目の間から尾の角の下まで竹串をまっすぐ刺す。

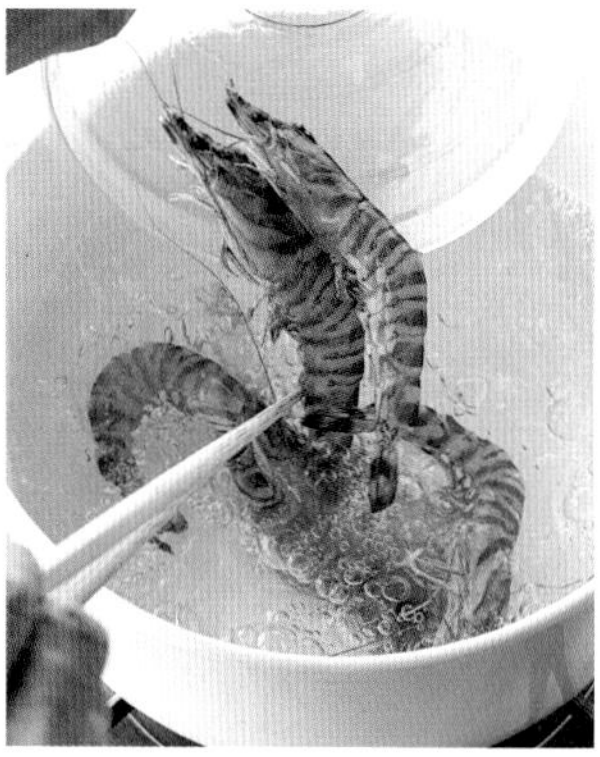

平鍋に湯を沸騰させ、Aを入れ、えびを加え、5分ゆでる。火を止めて1~2分おき、芯まで火を通す。頭の部分の色が薄く赤くなったら、取り出してざるに広げ冷ます。

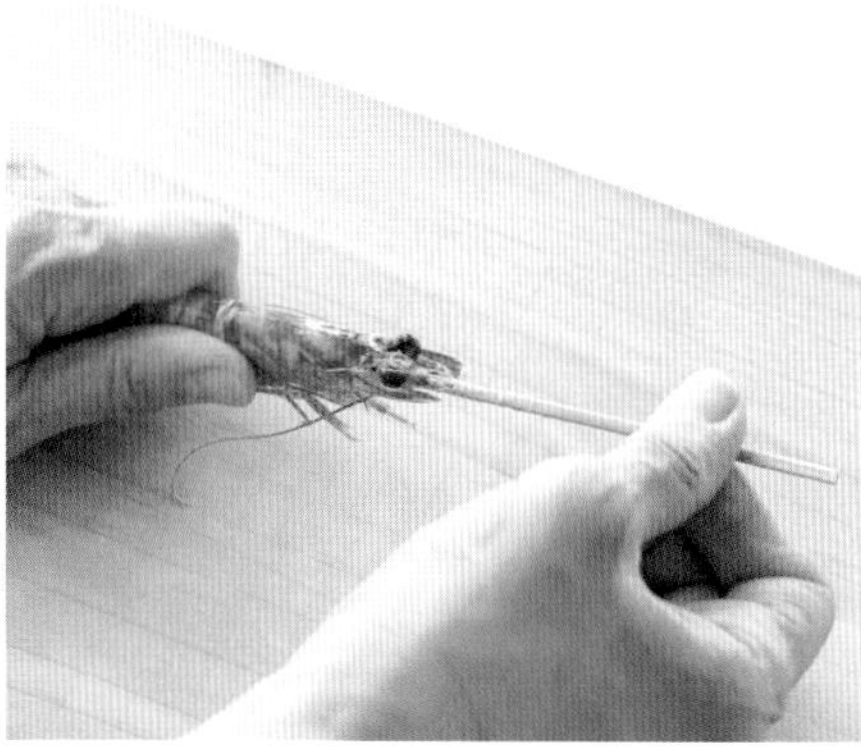

串を回しながら抜く。使いみちに合わせて殻をむく。

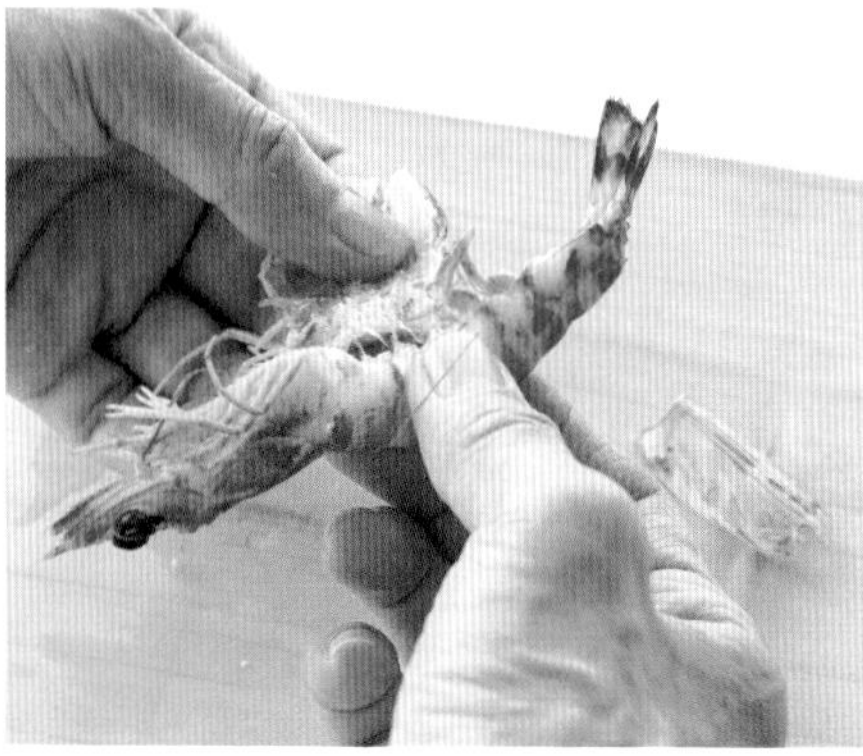

胴体の殻は腹側からむく。

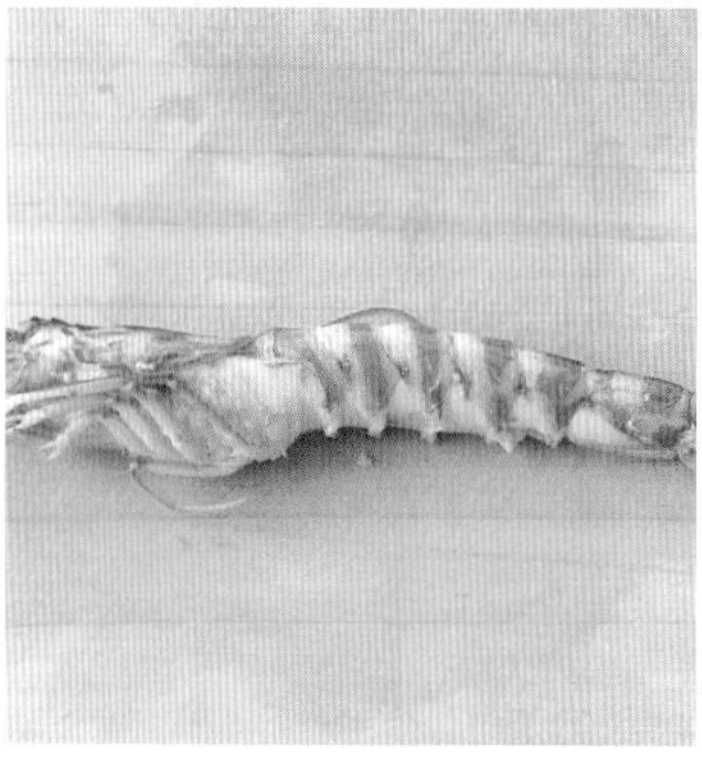

殻をむいた状態。

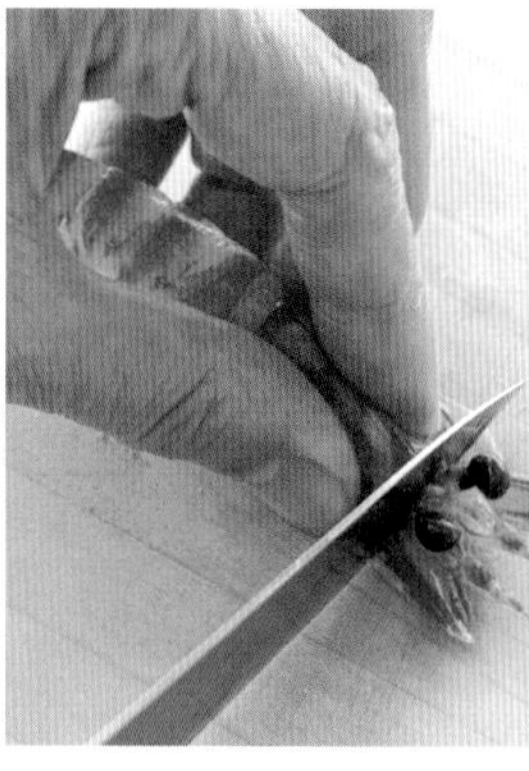

手巻きずしには、まず頭の先を少し切る。

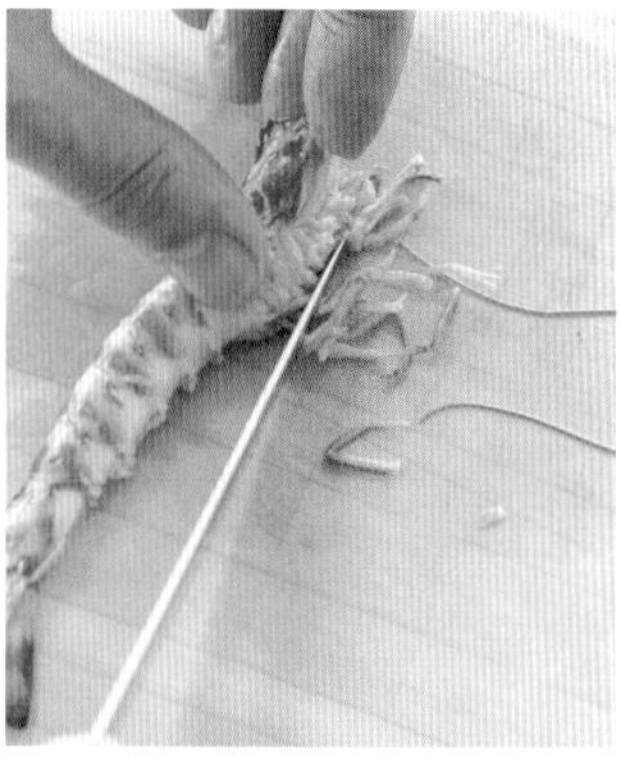

次に足の先を切る。

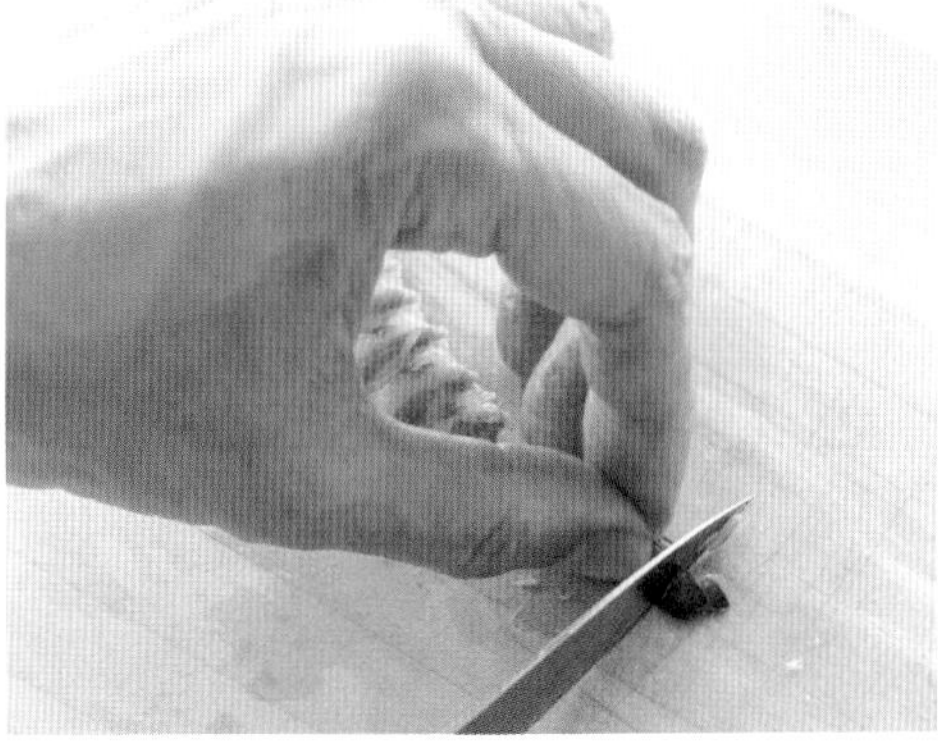

最後に、尾の先を少し切り、尾を残して殻をむく。

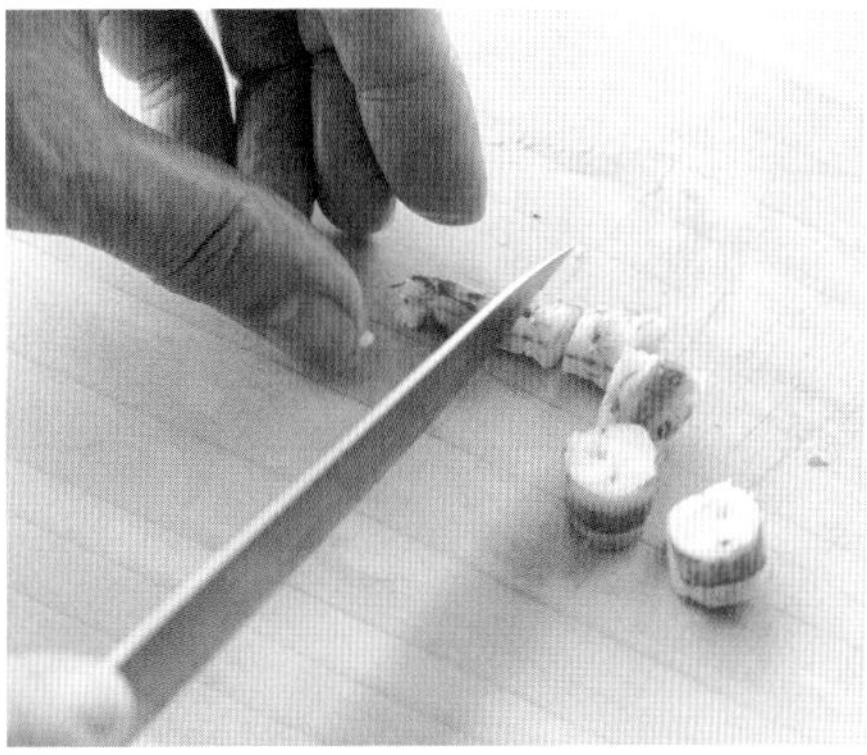

祭りずしには、頭と尾、足を切り、全部殻をむいて1cm幅に切る。

蒸しずしには、串を打たずにゆで、頭と尾を残して殻をむく。

胴体の殻のみむいたところ。

【鯛のでんぶ風】

塊にならないよう箸6本で煎ってぽろぽろに。

材料（作りやすい分量）

鯛（さしみ用、腹側）200g

A
- 酒 $\frac{1}{2}$カップ
- みりん $\frac{1}{3}$カップ
- うす口しょうゆ 大さじ$\frac{1}{2}$
- 塩 少々

作り方

鯛は1cm角に切る。小鍋にAを合わせ弱火にかけ、鯛を入れ、菜箸6本で混ぜながらそぼろ状にする。

厚手のペーパータオルの上に広げ、粗熱を飛ばす。

★冷凍保存可。ラップフィルムで板状にして包み、密閉袋に入れる。

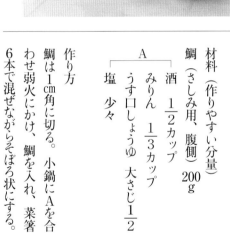

おすすめの基本の道具と調味料

おすし作りに必要なのは、日本の伝統的な調理道具と調味料です。どちらもいいものを選ぶことがおいしさにつながります。

機能美という言葉がありますが、長い時間を経て愛され続けてきた道具には、使い勝手のよさから生まれた美しさがあります。おすし作りを通じて、和食を支えてきた日本の調理道具の底力を改めて見直したいものです。

盤台（自在道具）
＊ふたは別売り

盤台（山一）

【盤台】

ご飯にすし酢を合わせるには、余分な水分を吸収してくれるさわらの盤台が失敗なく、簡単に作れます。調理だけの機能より器としても使えるものをおすすめします。盤台は通常「たが」という金具で本体がとめてありますが、頻繁に使わないと「たが」が外れたり、ずれたりします。ご紹介の盤台はその心配がない作りの楕円と丸形の盤台です。楕円のほうはふたもあるので、すし飯の乾燥も防ぎ、使い方では58〜59ページの手巻きずしのようにお盆代りに使うことも可能です。

【うちわ】

あつあつのご飯にすし酢を回しかけて、うちわで一気に冷ますことによって、ご飯のべたつきを防ぎ、酢の香りも保ちます。大きめでしっかりしたうちわを用意します。扇風機やクーラーの下ですし飯を合わせてもいいでしょう。

【菜箸・盛りつけ箸】

この箸は私のオリジナルです。竹の菜箸はしっかりしていて、持ち手に2か所くぼみがついていますので、箸使いが苦手なかたも持ちやすいです。盛りつけ箸はその名のとおり、料理の盛りつけに使います。箸の先が細いのでおすしの具はもちろん、普段の食材も挟みやすく、形もくずれにくく、きれいに盛りつけられます。

いい道具を使うと気分も上がりますので、ぜひそろえてください

【布巾】

木綿100％の白のさらし34cm幅をその都度、四角に切って使います。使ったらすぐに漂白して、キッチンカウンターなど平らな面にぴちっと広げておけば一晩で乾き、アイロンの必要はありません。いつも清潔に保ちましょう。

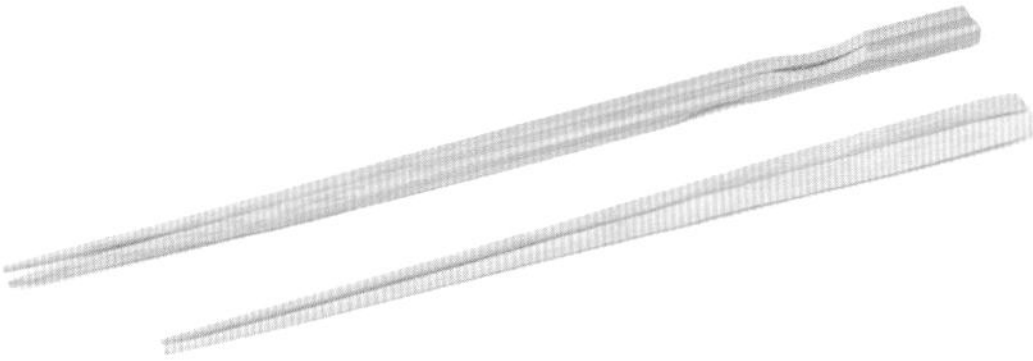

菜箸（上）、盛りつけ箸（下）（自在道具）

【巻きす】

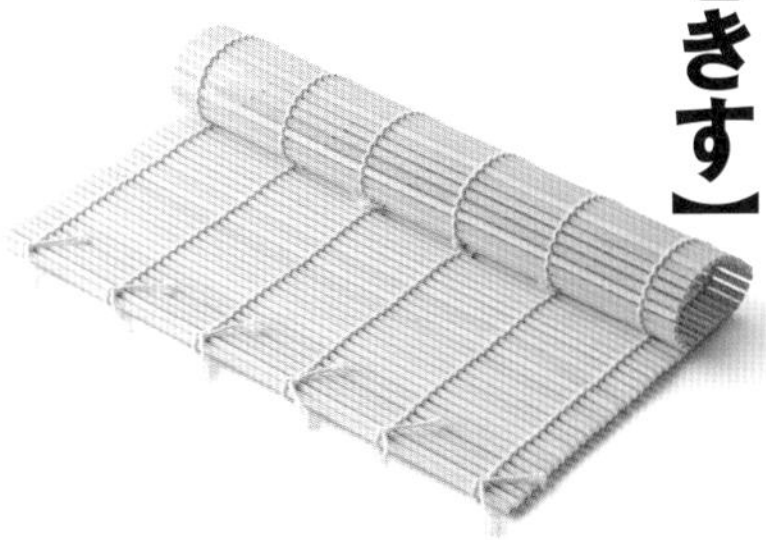

竹製で、のりの幅より少し大きめの27㎝角のものがいいでしょう。表と裏があり、表は触ると平らに感じます。巻きずしにはもちろん、卵焼きや棒ずしにも。

【飯べら】

すし飯を合わせるときに使うものは、盤台の直径を考えて長めの持ち手のものが使いやすいです。巻きずしのご飯を広げるときなどに使用する飯べらは先が細いものがきれいにできます。

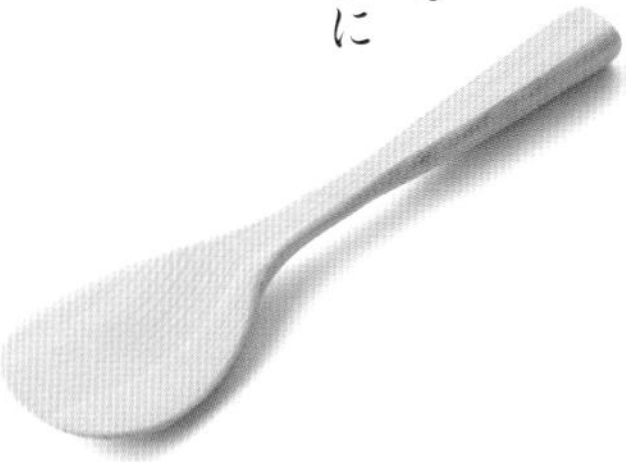

おすしの調味料の基本は、酢、砂糖、塩です。昔ながらの作り方のものをおすすめします

いい調味料があるとすし飯も具材もおいしく仕上がります。ただし味見がいちばん調味料使いで大事なことです。「味を調べて料《はか》る」と漢字で書くように、まず、味見をしてこの本のレシピにある調味料の量より少なめに加えて調理をしていくと失敗がありません。料理は足し算のみで、引き算はできないことを覚えておいてください。

【昆布】

すし飯を作るときに昆布のうまみは欠かせません。うまみの強い羅臼昆布が私の好みです。

【米酢】

純米酢（横井醸造工業）

私は甘味が控えめで、切れのいい酸味が好きなので、この横井醸造の純米酢を長年使っています。まろやかで、濃いうまみがあるのも特徴です。酢によってすし飯の味が変わりますので、ほかの調味料の量も塩梅をしてあなた好みのすし酢を作ってください。

【三温糖・ざらめ糖】

お好みですが、三温糖は上白糖に比べ深みやこくがあります。ざらめ糖は煮物料理に使うと味がしっかりと濃厚になるので、味にめりはりをつけたいときに使います。

【塩】

昔ながらの製法で作られた粗塩を煎った焼き塩を使っています。粒子が細かく、粗塩よりマイルドな味わいです。完成した料理に味のアクセントとしてふるなら、粒子の大きいフランス・ゲランドの塩や岩塩も使います。

三温糖　米酢

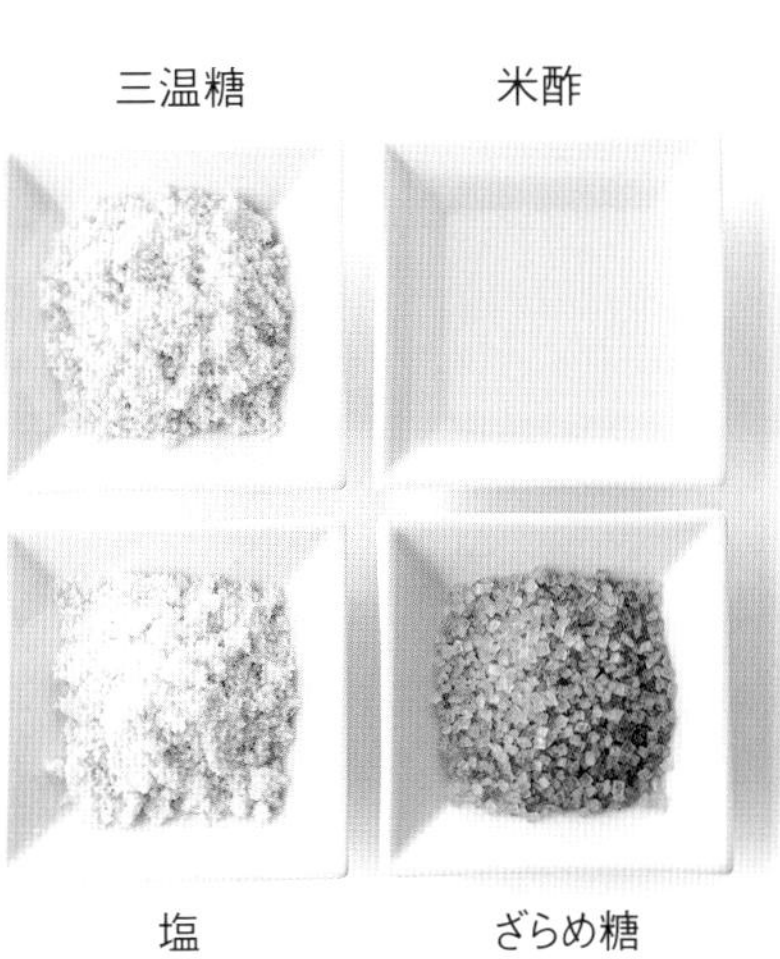

塩　ざらめ糖

余ったおすしのお楽しみ!

手間をかけて作ったおすしが余ったときの楽しみ方です。もちろんそのままいただいてもいいのですが、ちょっと味を加えたり、盛りつけを変えるだけでまた違ったおいしさです。

いなりずし（44ページ）の油揚げが破れたら → 一口いなり

油揚げが破れたり、穴があいたら、そのまま煮て全部開いて一口大に握ったすし飯をくるんで。この時油揚げを裏返して巻いてもいいでしょう。また残ったいなりずしはグリルで焼いてもおいしくいただけます。

煮物ずし（78ページ） → いためご飯

いためて野菜いっぱいのチャーハンに。三つ葉は刻んで、薄焼き卵とともに。

ばらちらし（8ページ） → お茶漬け

いちおしの食べ方です。卵焼きは取り除いて、おろしたわさびをのせ、緑茶をかけて塩をふっていただきます。

すし飯（10ページ） → 焼きおむすび

すし飯のおむすびもおいしいものです。白ごまを混ぜて握って、オリーブ油をまぶしてから200℃のオーブンで10分焼くか、焼き網や魚焼きグリルで焼いて。

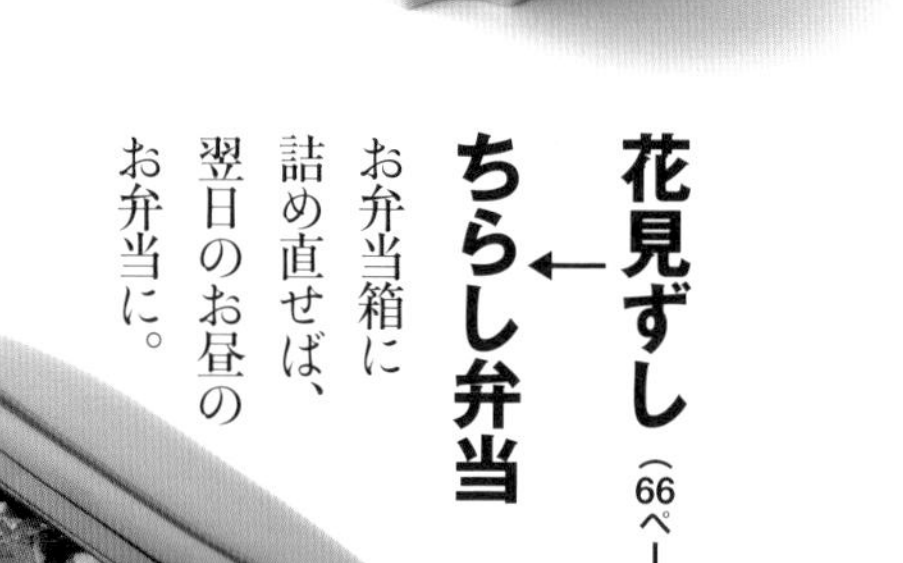

さばずし（54ページ） → 焼きさばずし

脂が焼けた香ばしさがたまりません。220℃のオーブンで約7分焼いて。さばのアニサキスが心配なときも焼くと安心。

花見ずし（66ページ） → ちらし弁当

お弁当箱に詰め直せば、翌日のお昼のお弁当に。

あとがき

料理をなりわいにして40年近くになりました。昨今「簡単」「スピード」「手抜き」という言葉をよく目にします。私も夕飯の支度をしたくないとき、ぱぱっと簡単に作りたいときはもちろんあります。しかし、簡単料理は簡単なお味です。やはりちゃんと作るとおいしいのです。この本では賢く、無駄な手間を省いて時間を短縮するおすしの調理法をご紹介しました。日本の食文化ですので、ぜひ、皆さまに作っていただき、おいしい幸せを広げてくださることを願っています。

本の出版にあたり、長年お世話になっているかたがたに心より感謝を申し上げます。

２０２１年　師走　松田美智子

おすし素材別索引

すし酢

基本のすし酢
ばらちらし 8
祭りずし 22
手まりずし 31
笹ずし 40
あなごずし 42
東日本のいなりずし 44
手巻きずし 58
焼き野菜ずし 64
花見ずし 66
梅干しずし 74
鮭の親子ずし 76
煮物ずし 78

基本のすし酢（甘め）
蒸しずし 16
恵方巻き 17
大村ずし風ちらし 20
西日本のいなりずし 44
柿の葉ずし 50

基本のすし酢（さっぱり）
あじの丼ずし 72

しょうが酢
桜ずし 26
手こねずし 36
さばずし 54
お台所ずし 55
かにずし 62

柑橘酢
はまぐりずし 28
鯛ちらし 30
めはりずし 34
かりかりじゃこのおすし 70

野菜と乾物

煎りごぼう
大村ずし風ちらし 20
煮物ずし 78

うど
はまぐりずし 28

大葉
手こねずし 36
手巻きずし 58
あじの丼ずし 72
鮭の親子ずし 76

かんぴょう煮
ばらちらし 8

きゅうり
桜ずし 26
お台所ずし 55
あじの丼ずし 72
梅干しずし 74
鮭の親子ずし 76

高野豆腐のうま煮
大村ずし風ちらし 20
花見ずし 66
煮物ずし 78

木の芽
手まりずし 31
花見ずし 66

酒煎りにんじん
大村ずし風ちらし 20
西日本のいなりずし 44
煮物ずし 78

山椒の実
あなごずし 42
さばずし 54
手巻きずし 58

ししとう
かりかりじゃこのおすし 70

しょうが
笹ずし 40
東日本のいなりずし 44
さばずし 54
お台所ずし 55
手巻きずし 58
あじの丼ずし 72

すだち
さばずし 54
焼き野菜ずし 64

酢ばす
蒸しずし 16
かにずし 62
煮物ずし 78

ぜんまい
笹ずし 40

大根
花見ずし 66

菜の花
花見ずし 66

生きくらげ
祭りずし 22
かにずし 62
鮭の親子ずし 76

生しいたけ（どんこ）
焼き野菜ずし 64

生わさび
ばらちらし 8
手こねずし 36
手巻きずし 58

ほうれん草
恵方巻き 17

干ししいたけ
笹ずし 40

干ししいたけの含め煮
蒸しずし 16
恵方巻き 17
西日本のいなりずし 44
煮物ずし 78

三つ葉
はまぐりずし 28
西日本のいなりずし 44
煮物ずし 78

みょうが
梅干しずし 74

もろきゅう
ばらちらし 8
手巻きずし 58

山くらげ
鯛ちらし 30

ゆで絹さや
蒸しずし 16

祭りずし 22

蓮根
鯛ちらし 30
焼き野菜ずし 64

魚介

あじ
あじの丼ずし 72

イクラ
ばらちらし 8
手巻きずし 58
鮭の親子ずし 76

かに
かにずし 62

かまぼこ
大村ずし風ちらし 20

小鯛の笹漬け
蒸しずし 16
祭りずし 22
柿の葉ずし 50

鮭フレーク
鮭の親子ずし 76

さば
さばずし 54

さば缶
笹ずし 40

じゃこ・しらす・白魚
桜ずし 26
めはりずし 34
花見ずし 66
かりかりじゃこのおすし 70

スモークサーモン
柿の葉ずし 50

鯛
鯛ちらし 30

鯛のでんぶ風
ばらちらし 8
蒸しずし 16
鯛ちらし 30
花見ずし 66

たこ
ばらちらし 8

たらこ
手巻きずし 58

ツナ缶
お台所ずし 55

煮あなご
あなごずし 42

ひらめ
手まりずし 31

帆立貝
ばらちらし 8

まぐろ
ばらちらし 8
手こねずし 36
手巻きずし 58

焼きあなご
はまぐりずし 28

やりいか
祭りずし 22

ゆでさいまきえび
蒸しずし 16
恵方巻き 17
祭りずし 22
手巻きずし 58

卵

いり卵
笹ずし 40
お台所ずし 55

薄焼き卵（錦糸卵、色紙卵）
大村ずし風ちらし 20
祭りずし 22
はまぐりずし 28

花見ずし 66
煮物ずし 78

黄身酢
手まりずし 31
かりかりじゃこのおすし 70

卵焼き
ばらちらし 8
蒸しずし 16
恵方巻き 17
手巻きずし 58

その他

油揚げ
東日本のいなりずし 44
西日本のいなりずし 44
お台所ずし 55
梅干しずし 74

梅干し
梅干しずし 74

昆布
さばずし 54

桜の花の塩漬け
桜ずし 26

白板昆布
さばずし 54

白ごま
桜ずし 26
手まりずし 31
めはりずし 34
手こねずし 36
笹ずし 40
東日本のいなりずし 44
手巻きずし 58
焼き野菜ずし 64
梅干しずし 74
鮭の親子ずし 76

高菜漬け
めはりずし 34

たくあん
お台所ずし 55

夏みかん
鯛ちらし 30

奈良漬け
西日本のいなりずし 44

のり
ばらちらし 8
恵方巻き 17
手巻きずし 58

松田美智子（まつだ・みちこ）
料理研究家、日本雑穀協会理事、テーブルコーディネーター、女子美術大学講師。1955年東京生れ、鎌倉育ち。ホルトハウス房子に師事し、各国の家庭料理、日本料理、中国料理など幅広く学ぶ。1993年より「松田美智子料理教室」を主宰。季節感を大切にした、美しく作りやすい料理を心がける。2008年、使い手の立場から本当に必要なものを考えて開発した調理道具、食器のプライベートブランド「自在道具」を立ち上げる。『季節の仕事（天然生活の本）』（扶桑社）、『丁寧なのに簡単な季節のごはん 松田美智子料理教室「絶対の定番」』（小学館）など、著書も多数。

本書は雑誌『ミセス』（文化出版局）2021年3月号に掲載された料理企画に撮りおろしを加えて加筆し、再編集したものです。

デザイン
川﨑洋子

撮影
鍋島徳恭

校閲
共同制作社

編集
鈴木百合子（文化出版局）

調理アシスタント
田巻美也子
加藤房子
松本由比

調理道具協力
「自在道具」
jizai@m.email.ne.jp

「山一」
03-3860-6324

材料協力
「横井醸造工業」
03-3522-1111

「天たつ」
0776-22-1679

テーブルクロス協力
アクセル ジャパン
03-3382-1760

普段もハレの日も作りたい、
家族が喜ぶ
おすし

2021年12月19日 第1刷発行

著者 松田美智子
発行者 濱田勝宏
発行所 学校法人文化学園 文化出版局
〒151-8524 東京都渋谷区代々木3-22-1
電話03-3299-2479（編集）
03-3299-2540（営業）

印刷・製本所 株式会社文化カラー印刷

本書の写真、カット及び内容の無断転載を禁じます。
©Michiko Matsuda 2021 Printed in Japan
本書のコピー、スキャン、デジタル化等の無断複製は著作権法上での例外を除き、禁じられています。
本書を代行業者等の第三者に依頼してスキャンやデジタル化することは、たとえ個人や家庭内での利用でも著作権法違反になります。

文化出版局のホームページ http://books.bunka.ac.jp/